Web面接 完全突破法

東京学芸大学特命教授

坪田まり子 著

JN056019

エクシア出版

はじめに

　あなどるなかれ！　Web面接を。

　試されているのはあなたの"ビジネス・コミュニケーション能力"です。

　この本を手にした皆さんのなかには、これから初めてWeb面接をする人もいらっしゃれば、何回か経験したけれど、なんとなく抵抗感があってどうすればよいか悩んでいる人もいらっしゃるかもしれません。

　この本をお選びくださり、ありがとうございます。

　本書を読み終えたとき、きっとあなたは「Web面接？　得意だよ、楽しいよ！」と胸を張って言えることでしょう。それには２つの理由があります。

　一つは、どうすれば画面を通して、自分の第一印象がよく見えるようになるかを詳しく解説していること。いわゆるカメラ映りをよくする方法について、自分で鏡をみて練習できるように詳しく解説しているからです。

　もう一つは画面を通してでは伝わりにくいあなたの熱い想いを、対面以上に感じてもらえる方法についても解説していること。対面ですら、緊張のため頭の中が真っ白になり、熱意なんて全部とんだ……という人が少なくありません。

　Web面接では、画面上の面接官がつかみどころがないように見

えてしまう、という声も出ています。でも、カメラ映りに自信がついたなら、対面形式よりも、想いをダイレクトに相手に伝えることが容易にできるようになるはずです。だからこそ、この本は、それぞれの項目でいつもの自分を振り返りつつ、体感しながら読み進めていただければと思います。

　これからの面接は、コロナ禍が収束しても、ハイブリッド型になると言われています。一次や二次面接まではWeb上で、三次面接などの重要なところで対面の面接に切り替わるということです。新卒採用、中途採用にかかわらず、Web対応が得意になることで、採用はもちろん、仕事の幅が広がり、自信にもつながるはずです。

　ただし、この本の目標は単なるWeb面接の攻略ではありません。企業が求める"ビジネス・コミュニケーションに長けた人物であると認められるレベル"に達すること。「意欲的で、臨機応変に対応できる人物にちがいない」と企業から一目置かれる"社会性を感じさせる存在"を目指します。
　"やればできる"と、あらゆる場面で大いに感じていただけたら幸いです。

坪田まり子

Web面接完全突破法
Contents

第2章

面接官に“想い”を伝える!
話し方のコツ

第3章

あなたはどう答える？
面接でよく聞かれる質問集

効果抜群! 内定に近づく自己PR対策

就活生必見！3分でわかるWeb面接

文／エクシア出版編集部

知っておきたい Web面接キソ知識

2020年に入り、コロナウイルスの影響もあり、これまで、多くは対面で行われていた採用面接を、Web会議システムを使ったWeb面接に切り替える企業が急増しています。
すでに学校でオンライン授業などに慣れている方も多いとは思いますが、あらためてWeb面接の基礎知識を紹介しましょう。

 ## Web面接とは？

　Web面接とは、インターネットを利用して行う面接のことです。民間企業では主流となり、最終面接でWeb面接が使われることもあります。

> ### ❶Web面接はパソコン（スマートフォン）のカメラとマイクを使って行われる
> ▶パソコン、もしくはスマートフォンがないと受けることができません。
>
> ### ❷対面の面接とはやっぱり違う
> ▶目の前に面接官がいないので、慣れていないとうまく話すことができません。
>
> ### ❸新しい面接方法なので、事前準備が重要
> ▶通常の面接用の準備とは別に、Web面接用の事前準備も必要です。

Web面接のやり方・流れ

　Web面接はどのように行われるのでしょうか。ここからはWeb面接の流れや、必要な事前準備などを説明します。

　Web面接は、通常は以下のように行われます。

Point　　　　　Web面接の流れ

❶事前に企業からメールで面接用のURLが送られてきます。
▼
❷URLにアクセスしてソフトをダウンロード。
▼
❸インストールしてセッティング（インストール不要のものもあります）。
▼
❹面接開始10分前には準備を終え、ログインしておきましょう！

　気をつけなければいけないのは❸です。

　企業によっては面接用アプリケーションのダウンロードとセッティングが必要な場合がありますから、その作業に時間がかかります。時間に余裕をもって準備してください。

Web 面接でよく使われるアプリを紹介

　ここではWeb面接でよく使用される代表的なアプリを紹介します。「**Zoom**（ズーム）」「**Skype**（スカイプ）」「**Google Meet**（グーグルミート）」の３種類です。この他にもさまざまなアプリが存在しますが、それほど使い方に差はありません。

*ここで紹介する情報は2020年12月現在のものです。

もっともメジャーなオンラインミーティングアプリ

▶Zoom （ズーム）

　今、最も有名といっても過言ではないオンラインミーティングアプリ。アカウントを取得しないでも使える手軽さが最大の特徴で、スマートフォンからでもミーティングができる。また、使っているデバイスを認識し、自動でマイクやイヤホンを最適化してくれる点も魅力。もちろん背景を変更することも可能。

インターネット通話の先駆け

▶Skype （スカイプ）

　オンライン通話アプリとして長い歴史を誇り、使い慣れている人も多い。固定電話にかけられるのも強み。2020年から加わった新機能「Meet Now」により、Zoom並みに手軽にオンラインミーティングができるようになった。背景をぼかすことも可能。

Googleが提供するビデオ通話サービス

▶Google Meet （グーグルミート）

　法人向けの会話ツール「Google Hangouts Meet」をGoogleユーザー向けに無料で開放したもの。ZoomやSkypeのようなアプリ上ではなくブラウザ上で使うのも特徴で、アプリケーションのインストールなしでも使用できる。

これでもう大丈夫！ Web面接 15のポイント

Web面接について押さえておきたいポイントをまとめました。このポイントさえチェックすれば、Web面接は怖くありません。

Check 1 Web面接を受ける場所はどこがよい？

多くの場合、Web面接を受けるときに企業から「周囲の音が入らない静かな場所でお願いします」という連絡がきます。したがって、おすすめの場所はやはり自宅。誰もいない部屋でWeb面接を受けるのがよいでしょう。

自宅に静かな部屋がない場合には、行政機関などが提供している「就活生応援ルーム」や完全個室のネットカフェなども検討しましょう。

Check 2 Web面接に適した背景は？

面接時には、相手に見える背景にも注意が必要です。散らかった部屋が映っていたり、家族が入り込むのはNGです。

まず注意したいのは、背景の色。できれば、背景が白い場所を選んでください。自宅に白色の壁がない人は、白色の背景紙を使うのがオススメです。

また、使用するWeb面接アプリによっては、バーチャル背景を指定できるものがあります。背景が気になる方や部屋を映したくない方は、バーチャル背景を使用するのがよいでしょう。

Check 3 パソコンにカメラ・マイクがついている？

最近のパソコンには、ほとんどの場合、標準でカメラ・マイクがついていますが、念のため、自分のパソコンにカメラ・マイクがついているのかは面接前に確認しておきましょう。

なお、パソコン備え付けのWebカメラは画角が広いので、部屋の余計なところまで映り込んでしまう可能性があります。あらかじめ、どこまでがカメラの画面に入るかチェックしましょう。

Check 4 外付けのカメラ・マイクは機能する？

自分のパソコンにカメラ・マイクが標準で装備されていない場合は外付けのものを用意する必要があります。メーカーによって有線接続だったり、無線接続だったりといろんな種類がありますので、自分のパソコンに合ったものを選びましょう。

ふつう、外付けカメラ・マイクは内蔵型のものより高性能です。したがって、画面映りがよくなったり、声が綺麗に聞こえるなどの効果も期待できます。

Check 5 Web面接はスマートフォンでもOK？

Web面接用のアプリはスマートフォンでも使えますが、基本的にはパソコンを使いましょう。パソコンを使えるかどうかは、社会人の必須スキルです。

また、スマートフォンは画面がしっかりと固定できないため画面が不安定になってしまいます。間違っても、手で持ったスマートフォンで面接を受けてはいけません。

Check 6 Web面接を受ける時の服装は？

　Web面接といっても、面接であることに変わりはありません。通常の面接と同じようにリクルートスーツで臨みましょう。もちろん、姿勢にも注意します。

　本番前に少なくとも一度はリハーサルをし、社会人にふさわしい恰好ができているか確認してください。

Check 7 プロフィール画像に注意！

　すでにZoomやスカイプなどを使用している人の中には、プロフィール画像を設定している人もいることでしょう。

　しかし、設定しているプロフィール画像がWeb面接の相手にも見えることを忘れてはいけません。使っている画像が社会人として恥ずかしくないものかどうか、もう一度客観的に見なおしましょう。

Check 8 明るさにも気を配りましょう

　部屋の明るさが不十分な場合、表情が暗く見えてしまいます。ライトを当てるなどして明るく見せましょう。

実際にモニターに映った画像。こちらは照明を当てているもの

部屋が暗いと、カメラの性能上、暗いだけでなく画質や色合いも悪くなる

Check 9 画面ではなくカメラを見て話す

Web面接の最中には、面接官が映っているパソコンの画面を見てしまいがちですが、それはNG。カメラのレンズを見なければいけません。

相手の画面に映し出されるあなたの姿はカメラのレンズを通したものですから、面接官の目は画面ではなくカメラのレンズです。パソコンの画面を眺めてしまうと、面接官と目線が合いません。

面接までに、カメラを見ながら話すことに慣れましょう。

Check 10 いつもよりゆっくり大きな声で！

Web面接では、場合によっては「ディレイ」といわれる通信の遅延が起こり、映像や音声が途切れたり、不鮮明になることがあります。

ディレイに備え、ちょっと遅すぎるかな？　と思うくらいの早さで、大きな声で話しましょう。笑顔も忘れずに！

Check 11 集団面接でも気を抜かないで！

Web面接でも、5人くらいの集団面接が行われることがあります。その際に、他の受験者が発言しているときに、油断して興味がなさそうなそぶりを見せるのは危険です。

画面の向こうの面接官は一人とは限りません。別の面接官が画面を共有し、他人の発言を聞く際のあなたの様子を見ているかもしれません。油断は禁物です。

Check 12 通信が途切れたら？

　もし途中で通信が途切れたり、面接官の声が聞こえなかったりしたら、遠慮なく「今のご質問は聞き取れませんでしたので、もう一度お願いします」とはっきりと伝えましょう。

　Web面接には通信障害がつきものです。聞き返したことで印象が悪くなることはありません。

Check 13 イヤホンを使っても大丈夫？

　イヤホンを使っても問題ありません。パソコンに内蔵マイクがついていれば、イヤホンを使用して、内蔵マイクがついていなければ、イヤホン付きマイクを使用しても大丈夫です。

Check 14 緊急連絡先を確認しておく

　面接時にパソコンやアプリが正常に動作しないことや、途中で回線のトラブルにより面接が中断されてしまうこともあります。

　そんな不測の事態に備え、緊急時の連絡方法を企業に確認しておきましょう。

Check 15 Web面接を友達と練習しておこう

　ここまで読んでいただいた方にはおわかりのように、Web面接は事前準備がとても大事。事前にオンラインでご友人と練習しておくのがおすすめです。慣れが差を生むかもしれません。

Web面接は
第一印象が9割!

面接当日の流れとマナーは
対面式と基本は同じです

 Web面接といっても基本の流れは対面式と変わりません。ここでは事前準備のあれこれではなく、対面式と同じように細やかなマナーが必要であることを解説します。

まずはイメージしてみよう。対面式ならどんな流れ？

対面式の面接では、**ドアをノックする**ところから始まります。

中から「どうぞ」という声が聞こえたら、ドアを開け、中に入ります。まず、**姿勢を正し**、面接官に向かって**「失礼します」**と15度程度の会釈をしたら、椅子に向かって歩きます。椅子の側に立ち、**背筋をしっかり伸ばし、名前を名乗ったあとに35度の分離礼（先に言葉を発したあとお辞儀をすること）で「よろしくお願いします」とはきはき挨拶**をします。面接官から「どうぞおかけください」と言われたら、「失礼します」と声をかけつつ、椅子に座ります。

椅子の背もたれには絶対につかない程度に浅く座り、背筋を伸ばし、まっすぐに面接官の顔を**明るい穏やかな顔**で見つめます。

ここから面接の質疑応答が始まります。

「それではこれで面接を終了します」と言われたら、「はい」と言ってさっと立ち上がり、面接官に対し、**「ありがとうございました」**と**45度の最敬礼**をします。ドアを開く前に**もう一度面接官に向きなおり、姿勢を正し「失礼します」と会釈をし、ドアを丁寧に閉めて退室**します。

ここまできちんとできたなら、おそらく内定獲得レベルのマナーあり、と評価されるはずです。

次にイメージしてみよう。Web面接ならどんな流れ？

　当日10分前にはソフトを起動し、ログインをすませておきます。事前に通知された面接開始時間になると選考がスタートします。

　対面式と同じように**正しい姿勢**と**明るい表情**ではきはきとテンポよく**挨拶**をします。当然、**体の向きや目線は面接官に正対**してください。座ったままではありますが、**「よろしくお願いします」**というときには**少し頭を下げ**ましょう。

　ここから対面式と同じように質疑応答が始まります。

　面接官から「それでは面接を終了します」と言われたら**「ありがとうございました」**と**挨拶**をします。通話を切るときには**「それでは失礼いたします」**と言いますが、原則は相手が通話を切断するのを待ってから、こちらも通話を切断します。

　このように、事前準備を除けば入室から退室までの流れは、対面式とほとんど変わりません。

　通話開始時間になったとき、チャットを使って「こちらの準備はできております。本日の面接、よろしくお願いいたします」とメッセージを送る人もいます。

＊下線部分はマナーを表現した部分です。

Point
Web面接で留意すべきマナー

◆予定時間よりも早すぎるログインはビジネスマナー違反

◆逆に時間ギリギリのログインはルーズな人に見られるおそれあり

◆ログインしても通話はスタートせずに待機

◆こちらが通話を切断するのを待ってくれる場合には、「恐縮ですが、こちらから先に切らせていただきます。失礼いたします」と言葉を添えることを忘れずに

02 Web面接こそ、第一印象がすべてです

対面式のように、ドアをノックしたり、歩いて椅子に座るなど、大きな立ち居振る舞いはありませんが、Webこそ第一印象の良し悪しが目立ちます。

面接は第一印象だけでほぼ決まる？

　第一印象が決め手となるシーンは、私たちの人生の中にはいくつもあります。就職・転職活動などの面接時、採用後の社内・外での初日の挨拶時、結婚を決めた相手の家に挨拶に行く時、親として最初の保護者会で、先生やほかの保護者に対する挨拶時など、重要なシーンをあげればきりがありません。しかし就職活動こそ、"人生初"の大舞台、幸せな人生を歩めるかどうかに関わる大事な節目ではないでしょうか。

1.短時間で決まる
2.一度もたれた印象は変えられない
3.マイナス面をプラスに変える効果がある

　第一印象の重要性は上記3点です。「短時間」とは3秒説、15秒説など多々ありますが、Web面接ではあなたが画面に映ったその瞬間です。どんな姿勢でどんな表情でいればよいかを真剣に考えてください。

　イメージしましょう。画面に映る印象が悪く、履歴書に貼った写真やエントリーシートに書かれていた内容とは別人のように見える人がWeb画面に映っていたとしたら、面接官はどちらを信じると思いますか？　もちろん目の前の頼りなさそうで、目つきの悪いあ

なたが真実と思われてしまい、書類の写真や書いた内容のすべての信ぴょう性が疑われてしまいます。

　逆にいえば、写真よりも画面上のあなたがはるかに素敵で、面接官にその瞬間から"いいね！"と思ってもらえた人は、質疑応答であまり力を発揮できなかったとしても得をすることがしばしばあります。終了後の通話を切るまで、感じがとてもよかった場合には、その面接、通過する可能性が高まりますよ。第一印象も仕事のうち、ビジネスセンスそのものだからです。

　第一印象がどこから見られているかは、メラビアンの法則でチェックしましょう。

メラビアンの法則
◆目から判断される要因　　**55%** 表情・態度・身だしなみなど
◆耳から判断される要因　　**38%** 声の大きさ・トーン・抑揚など
◆言葉から判断される要因 **7%** 敬語・話の組み立てなど

　Web面接は、対面式よりも楽だと思っている人が少なくないようです。しかし、対面式は全身が見えるのに対し、Web面接はたいていが胸元から上の部分しか見えません。だからこそメラビアンの法則55%のうちの表情がポイントになることが多いのです。
　表情の中でも目線や目の輝きは極めて重要で、まさにWeb面接こそ第一印象で差をつけることも、差をつけられてしまうこともあると認識しましょう！

03 スタート時からビジネスマナーを しっかり"表現"します

 相手に好感をもってもらうために必要なのがビジネスマナー。ビジネスマナーがなっていないと、相手に不快な思いをさせ、結果的にあなたが損をしてしまいます。

ビジネスマナーはなんのためにある？

　ビジネスマナーの重要性を軽んじている就活生が少なくないと私は見ています。「最低限のことを知っていれば大丈夫」「立ち居振る舞いさえマニュアル通りできれば大丈夫」「そんなことより話す内容をしっかりと考えないと！」程度に捉えているようです。しかし、いつしか焦り始める時がきます。「小論文もグループディスカッションも個人面接も、内容はばっちりのはずなのに、なぜ一次面接で落ちるの？」「なぜ最終面接が通らないの？」と。本人には通過できない原因がわからないときこそ、気づくべきことがあります。それは「言いたいことを話しているだけで、極めて感じが悪いのでは？」ということ。言い方を変えれば、ヒューマンスキルの低さ、人柄がいまいち受け入れがたいと見られているかもしれません。

　ビジネスマナーを、単に人に迷惑をかけないためのルールや規則と捉えている人が多いために、立ち居振る舞いなどが一通りできればOKと考えるようですが、それはマナーの一部分にすぎません。
　真のマナーの意義は、

・人に好感を与えるため
・人に敬意を表するため

にあります。笑顔で明るく話すと好感を与えることができますし、正しい姿勢できちんとお辞儀ができる人、尊敬語と謙譲語を上手に使いながらコミュニケーションがとれる人は、相手に対する敬意をきちんと示している人といえるでしょう。

面接では緊張して頭が真っ白になる人が多く、中には立ち居振る舞いがうまくできたかどうか覚えていない人もいます。しかし、心の中でどんなに「この会社が自分にとって第一希望だから、本気で気持ちを伝えよう」と思っていても、面接官にはあなたの心の中は見えません。心の中が見えないからこそ、目に見える好感度、敬意度から、あなたのヒューマンスキルを見極めるのが面接です。

企業はどんな人を求めているのか

1. 健康で明るく、イキイキしている人
2. アイデアとやる気（行動力）と責任感のある人
3. 仕事に関して意欲と関心を高くもち、自主的・積極的に取り組めるチャレンジ精神が旺盛な人
4. 困難に負けず克服しようとする忍耐力のある人
5. 自分の立場を認識し、自分の役割をきちんと遂行できる人
6. 人間関係を大切にしてチームワークよく働ける人
7. 向上心のある人、など

　上記全部に該当するタイプを極めてオーバーにいうなら、ヒューマンスキル＝人柄の良い人です。まさにビジネスマナーの「相手に対し好感を与えることができ、敬意を表することができる人」であれば、企業が求めている人物像に合致する可能性が高いということです。もちろん、この7つに加えて、コミュニケーション能力が高い人であることはいうまでもありません。

04 まず判断されるのは あなたを含めた画面全体です

 開始時に映る本人の姿勢や表情だけでなく、
背景にも気を使いましょう。
画面に映るすべてがあなたの第一印象です。

カメラに正対して、姿勢よく、無駄な動きをしないで座りましょう

　Web面接は互いを認識することから始まります。当然、待機している姿がまず面接官の目に入るのですが、この待機の姿勢のまずさが盲点かもしれません。

・映っているのに、まだごそごそと動き回っている
・斜めに座り背中を丸めて、画面を上目づかいで見ている
・首から上しか見えていなくて、なぜかクーラーが目立って見える
・顎が隠れていて、口から上しか見えないため、画面のほとんどが
　天井に見える、など

　上記のすべてをあなたが面接官だとしてイメージしてみたら、笑ってしまうほどおかしな印象であることがわかります。対面式では姿勢を正す、猫背にしないことなどを徹底的に意識していた人たちが、Web面接ではどうも無頓着になっているようです。

あなたの背景、本当にそれでいいですか?

　Web面接に使用されるソフトには背景を自由自在に変えることができるのものがあります。プライバシーを守ることにもつながりますので、自分の部屋がはっきり見えるよりもバーチャル背景を使いたい気持ちはわかります。でも就職活動では、背景はそこまで凝

らないほうがよいように私は感じています。理由は2つあります。

1. 印象のいい背景でないと、あなたが損をするかもしれないから
2. ときどきベッドとか段ボールがちらっと見えるときがあるから

　学生が素晴らしいホテルのような部屋に住んでいる必要はありません。学生らしい、そこそこ片づいた清潔感のある部屋であればそれで充分。海外の絶景を背景にリクルートスーツで映るかどうかはもはや価値観の問題かもしれません。見方によっては、自分自身を隠しているようにも見られてしまう可能性もあります。また、バーチャル背景を使う場合には、ある程度の処理能力を備えたパソコンであることも必要です。

　背景にアニメのポスターが貼ってあったり、顔の後ろあたりの壁になぜか画びょうのようなものが見えたり、ダンボールに無造作に入れた衣類が部屋の隅に見えたりすると、学生の普段の生活習慣が丸見えのようで、面接官には結構、気になるものです。対面式では見えなかった当事者の社会性に関わります。ノートパソコンの場合は、カメラの位置、角度などはもちろん、全体のバランスと印象を何度も確認してください。

> Point
>
> ## 画面上まず意識徹底すること
> ◆ 自分の大きさは上半身（少なくとも胸元から上が映るように）、背景とのバランスを考える
> ◆ 体の向きはカメラに正対して座る
> ◆ 開始時間には、完璧な姿勢と決めの表情でじっと待つ
> ◆ 背景に映るリアルなものは片づける

Web面接だからこそ
身だしなみをしっかりと

 Webの場合、たいていは上半身しか映りません。上半身しか見えないからこそ、ネクタイや胸元、しわ、髪の毛までが微妙に気になります。

男性は白いワイシャツとネクタイ、すっきりしたヘアスタイルで

　基本的には対面式と同じです。ビジネスシーンではストライプや色付きのシャツは避け、真っ白が無難です。白は相手に対する敬意を表す色であると同時に、清潔感をも醸し出すからです。

　襟元がラフにならないように、ネクタイをしめませんか？ 夏はクールビズが認められていますが、秋冬春はネクタイ着用が無難です。ネクタイの柄は、かわいい動物の模様などは避け、ストライプ柄などで誠実、まじめ、さわやかな印象を引き立てます。

　ヘアスタイルはおでこを出してすっきりさせます。明るさにもよりますが、額に前髪がかかると、影ができることがあります。無精ひげもそり、寝ぐせなどがないようにしっかりチェックしてください。

女性は白いインナーとジャケット着用で引き締め、メイクにひと工夫を

　女性は男性と違い、胸元が寂しくなりますので、ダークな色のジャケットを着ることで、引き締まって見える効果があります。襟付きのブラウスの場合には、両方の襟がきれいに左右対称になっているかまで確認します。

　ヘアスタイルは髪の毛が顔にかからないように前も横もすっきりさせることをおすすめします。おでこを少し出すようにすれば、明るく見えるのみならず、聡明で誠実な印象が増します。

　女性だけに許されるメイクは、普段よりも濃いめがおすすめです。ファンデーションを少し濃いめに塗ることで、肌写りがよく見えるようになります。アイシャドウや頬紅も気持ち濃く入れてみてください。綺麗で引き立つ顔に見えるはずです。ただし、濃すぎる、派手すぎるメイクはNGです。

　リクルートスーツは面接官や大人から見て、安心感があり、颯爽としてみえるものです。「私服で」と指定された場合はそれに従いますが、「自由」と言われたら、Web面接こそダークなスーツと白いワイシャツ・ブラウスやインナーで、社会性のある姿を印象づけたいものです。

　Web面接では上半身しか見えませんが、下もきちんとそろえましょう。その理由は、立ち上がった時などに手抜きがばれてしまうことがあるからです。
　カメラには案外広い範囲が映ります。私はしばしば画面に映る、学生のジャージのズボンを見て苦笑いしています。

Point

Web面接もスーツが基本

◆ "あえて" リクルートスーツを着て気持ちを引き締める

◆ 上半身しか見えなくても下もきちんとそろえる

◆ 寝ぐせはきれいに直して、髪の毛が顔にかからないように

◆ メイクはいつもより少しだけ濃くして、入念に

06 カメラの距離と角度、姿勢に注意して

カメラはパソコンについているものを使います。凝る人は、外付けのカメラを使う人もいますが、通常はパソコンの内蔵カメラで充分です。

相手にしっかり顔が見える工夫をしよう

まずは上半身が映るように距離を調整します。あまりに距離が近いと、どうしても顔だけ、首から上しか映りません。近い距離のままお辞儀をすると頭皮部分がはっきり映ります。凛としたイメージにはならず、ずっこけた印象になってしまいます。

次に、自分の視線とカメラの位置がまっすぐになるようにします。目線が重要だからです。ちょっと想像してみてください。カメラが下を向いていると自分の顔が全部映らなくなってしまいますよ。高さを調整するには、椅子で調整するか、パソコンの下に土台を置くなどしてください。カメラの位置や距離、角度は思った以上に、印象を大きく左右します。

○ 土台などで目線とカメラの高さを合わせる

✕ パソコンが低くカメラを見下ろしている

姿勢にはくれぐれも気をつけて

立って挨拶するときと同じように、待機のときから、背筋を伸ばします。伸ばし足りない人が多いですよ。天井から糸で頭の上を引っ張られているように意識してみてください。

かつて、Web面接指導中に体が左右にゆらゆら揺れているように見えた男性がいました。その人はお辞儀をする際にも頭が下がり、背中を丸めているように見えました。ふと、「もしかして椅子ではなく床に座って胡坐をかいていませんか」と声をかけてみたところ、「はい。あの……下半身が見えてしまいましたか」とその男性にびっくりされてしまいました。胡坐をかいてお辞儀をしても、背筋を伸ばすことは難しく、背中が丸みを帯びて見えてしまいます。

大事なWeb面接を控えている人は、新しく机と椅子を用意するなどの工夫も必要かもしれません。

これもまた面接指導中の話ですが、ある男子学生は座っている全身を映してきました。後ろはベッド、胡坐をかいてカメラに向かって正対して座っていました。スマートフォンを使っていましたので、床の上にカメラを置いたのでしょう。座禅をしている男子学生が下を見て話しているようにしか見えず、カメラの位置や座り方を変えるアドバイスをしました。本人は言われるまで自分がどのように見えているか気がつかなかったとのことでした。

Point

カメラに正対してまっすぐな姿勢を

◆ 上半身が映るように、自分とカメラの距離を調整する

◆ 目線とカメラの位置が合うように高さを調整する

◆ 姿勢が悪いと印象が悪くなるので徹底して気をつける

◆ お辞儀をするときは背中が丸まらないように

光の効果を最大限利用して アイドルや役者のような表情で

 Web面接では、パソコンを使用している部屋の明かりが十分でない場合、表情が暗く見えて損をすることがあります。

明るさが足りないときは光を顔に当てる

皆さんはテレビ局のスタジオに行ったことがありますか？ スタジオにはたくさんの照明があり、アナウンサーやタレントの表情に影がでないよう、きれいに見えるように光を当てています。Web面接でも満面の笑顔で頑張ることは重要ですが、もしも部屋の明るさが十分でなければ、顔に影が出ることがあります。また顔が暗く不健康に見えるため、若々しさを感じさせることができず、疲れた印象にもなりがちです。

まずは、どこにカメラを設置すれば光が顔に当たるかを工夫します。朝と昼、夜とでは当然、日差しに変化がありますので、面接を受ける時間によっては自然光だけでは足りない場合があります。そんなときには、照明を正面もしくは斜めから当ててみてください。ライト（照明）はWeb面接の必需品として、結構な価格のものを2つ以上用意している人もいるようです。

写真館で写真を撮った経験がある人はご存じだと思いますが、顔の下（上半身の下あたり）にレフ板を置いてくれます。レフ板は、光を反射する色や材質をもっているため、被写体に影を作らないよう光をコントロールしてくれる撮影補助の役割を果たしています。Web面接のときも、光が正面もしくは斜めから当たるようにして、

顔の下（上半身の下）の机の上に画用紙やコピー用紙などの白い紙を置いておくと、比較的顔に明かりが当たるようになります。

　家電量販店などに売っている「女優ミラー」という商品をご存じでしょうか？　鏡の周囲にいくつかの電球がついているため、メイクしやすいだけでなく美しく見えます。また自宅の洗面所にいくつか照明がある場合には、個室の明かりと洗面台についている明かりの両方をつけて比較してみてください。どちらが顔が明るくきれいに見えるかは一目瞭然です。撮影時に照明を上手に当てることで、このような効果をもたらすことができます。

　もちろん照明の力だけでは明るさは不十分です。あなた自身の笑顔で光輝いて見えることを忘れないでくださいね。

あなたの目はどっちのタイプ？

タイプA　　　　　　　　　　　　**タイプB**

黒目の上が隠れている　　　　　　**黒目が丸く全部見える**

　タイプAの人はタイプBに比べて目に輝きが感じられません。タイプBの人は黒目にキラッと光るものが見えます。その黒い瞳に映るキラッとしたものは、部屋や会場の照明なのです。タレントやアイドル写真のほとんどは、まるで少女漫画の主人公のように目の中にキラキラした星が見えるはずです。目の中の光は、瞳を大きく開けなければ映りません。皆さんもアイドルになったつもりで、目の開き方を意識して、上手に自然光や照明の光を取り入れてみてくださいね。

08 話すときは常にカメラ目線。 なるべく画面やメモは見ないこと

つい画面やメモを見て話してしまうのがWeb面接です。しかし、それでは目力に欠けて損をしてしまいます。

面接官が"自分を見て話してくれている"と感じる目線に

対面式の面接で一番大事なことは、目線をきょろきょろさせないで面接官の目をまっすぐに見て話をすることです。目線が頻繁に動いたり、相手の目を見ることができない人は、自信がなさそうに思われたり、真実を語っているのだろうか？ と疑問をもたれることもあります。小さいころお母さんに言われたことはありませんか？「ちゃんと目を見て話しなさい」「どうして目をそらすの？」など。面接にも同じような心理が働きます。

Web面接に慣れないうちは、どうしても相手の顔が見える画面に向かって話しがちです。これでは面接官を見て話しているようにはみえず、力強さ、目力に欠けてしまいます。

✕ 画面を見ると伏し目がちになってしまう

◯ カメラを見ると面接官の目を見ているように見える

話す側にとっては、画面に映る面接官を見て話すほうが自然で、目線が合っているように見えるため話しやすいのですが、面接官にとっては目線が合っていないように見えてしまいます。面接中はカメラ目線が基本です。常に自分の目、自分の雰囲気がカメラにどのように映っているかを意識してください。

メモはカメラから見えない位置に置くけれど……

Webでの面接指導の際、どうも学生の目線がほかのところを見ているように感じることがあります。おそらくカメラから見えない位置に置いたメモを見て話しているのでしょう。

Web面接は対面とは違い、カメラから見えない位置があります。そこに面接で話す内容をかいたメモや紙をおくことができますが、メモばかりを見ると、その都度目線が面接官からそれてしまいます。これでは本末転倒です。よくカメラの近くにメモを貼ればよいという人がいますが、長けている面接官には、微妙な目線のずれがはっきりとわかります。

対面式はメモを見ることができないために、何度も暗記するまで声を出して練習するものです。Web面接でもメモに頼らず、相手の目を見て話すという真剣勝負をしてみませんか？

Point

Web面接では目線にくれぐれも注意

◆Webではカメラ目線で話すこと。相手の目を見て話すイメージを常にもつこと

◆相手の話を聞くときも、画面ではなくときどきカメラ目線にすること

◆メモがどうしても必要であれば、できるだけカメラの真横あたりに貼ること

09 相手の話を聞くとき 目線はどこに?

話すときはカメラを見ることに慣れてきましたか?
では、相手の話を聞くときにはどこを見ればいいので
しょうか。

聞いているときもときどきカメラを見る

ここでは前のページの反対を考えていきます。面接官に、目を見て話しているように感じてもらうために、話すときは画面ではなくカメラを見ました。

では相手の話を聞くときはどうしましょうか。対面式であれば、やはり相手の目を見て、相手の表情に合わせ、適宜、うなずきながら相手の話を聞きます。話し手にとっては、聞き手がしっかり自分の話を聞いているように見えるため、話しやすいという効果があるからです。

では、Web面接の場合は? たとえばZoomの画面では、「スピーカービュー」と「ギャラリービュー」という2つの表示方法で映像を表示することができます。スピーカービューは、話している人が大きく表示され、そのほかの参加者は画面上部に小さく表示される方法。ギャラリービューは参加者が同じ大きさの映像で分割表示される方法です。

Web面接が個人面接であれば、発言者が大きく表示されるスピーカービューが便利です。面接官や企業の方があなたに向けて話をしてくれる場合には、あなたの画面には、相手の顔が大きく映っているはずです。つい、相手の顔=画面を見て話を聞いてしまいがちですが、そのあなたの目線は相手にはどう見えるのでしょうか。相手が画面を見ないでカメラを見て話していたら、あなたの目線はそれ

ほど気にならないかもしれません。しかし面接では、たいてい面接官が数人います。人事部長があなたに話しているときの目線を、ほかの面接官はじっとチェックすることができるということです。

　ときどきはカメラ目線で聞いてみませんか？ 真剣に話を聞いているように見えますよ。

✕　別のところを見ている

△　画面を見て聞いている

◯　カメラ目線で聞いている

Point

内容に合わせて効果的に目線を切り替えよう

◆ 画面を見て話を聞くと、面接官の表情がわかり聞きやすい

⇕

◆ 画面を見て聞くだけだと、相手には聞き手の目力が感じられにくい

◆ 話の流れや内容に合わせて適宜、カメラを見て相手の話を聞いてみよう

敬意を表する動作で
ライバルに差をつける

 Web面接は、ドアを開ける→歩く→座るなどの大きな動きがないぶん、対面よりも簡単で楽！ と思っている人、いませんか？

上半身だけで敬意を表する動作って？

　座った時の姿勢が肝心です。自分では気づかない人がたくさんいますが、猫背ぎみ、体がカメラに向かって真っすぐではないなど、姿勢が悪い方はたくさんいらっしゃいます。

　体はまっすぐカメラに向かって正対していても、顔の向きが微妙に右側（左側）寄りになっている人、さらには少しどちらかに頭が傾いて見える人などさまざまです。

　対面式の面接指導の際には、向きや傾きの感覚をご自身でわかるように補正指導していきますが、結構大変です。ましてやWeb面接では上半身しか見えていませんので、姿勢や頭、顔の傾きは面接官にとっては結構気になるものです。相手の承諾を得て補正指導するときは、念のために、健康上の問題があるかどうかを必ず先に尋ねていますが、今まで問題がある人はゼロでした。無意識のうちに、癖になってしまったということなのでしょう。だとしたら、Webこそ、意識して姿勢、頭、顔の向きをきちんとしたほうが多くの得をします。それだけで凛とした美しさにつながるからです。

　ビジネスマナーで解説した「相手に対し敬意を表する」ためには、面接時のお辞儀が重要です。丁寧なお辞儀をするためには、対面式では腰から上をまっすぐにして顔だけ下げないように気をつけます。Web 面接は、腰から上全部は見えませんが、姿勢がまっすぐ

伸びているかどうかはわかります。45度下げる必要はありませんが、どうすればきれいに丁寧に見えるか、何度も画面を見て事前練習をしてください。カメラと自分の距離が近すぎると、頭だけを下げているように見えてしまいます。

✕ 背中が丸まっている

面接官のモニター

頭頂部しか見えない

◯ 背筋を伸ばして、体を少し
　前にかたむける

面接官のモニター

きれいなお辞儀に見える

アイドルが美しく変身する理由（わけ）

　アイドルが、時の経過とともにデビューしたときよりも、はるかに美しくかわいく、かっこよく、あか抜けていくのはなぜでしょうか。

　"もともと素質があるからね、われわれとは違うよ" と片づけないで！ 彼らにできることは私たちにもできるのではないでしょうか。

　なぜ、かわいくかっこよく、あか抜けていくかといえば、彼らは360度、人から見られていることを、常に、どんなときも意識しているからです。また、リハーサルのとき、時間さえあれば、ほかの人の立ち居振る舞いを見ていたりします。ライバルの良いところを取り入れるためです。とくに売れっ子の良いところは全部自分のものにしようと思うほどアグレッシブな世界が芸能界。

　人から常に見られ、人の立ち居振る舞いも常にチェック。ここまでするからこそ、いつの間にかきれい、かわいい、かっこいい、キラキラした存在に上手に変身していくのでしょう。

　Web面接こそ第一印象で勝負。テレビで見たアイドルに一目惚れ、実際に会いたいとコンサートにいくファンの心理は、面接官が "この人には実際に会って面談してみたい" と思う気持ちとどこか重なるかもしれません。

面接官に "想い"を伝える! 話し方のコツ

01 面接官の好感度を上げるも下げるも話し方次第

普段普通に会話をしている私たち。Web面接は互いの顔が見えはするけど、生の声とは微妙な違いがあります。

メラビアンの法則からポイントを確認してみよう

23ページで、メラビアンの法則をご紹介しました。ここでは改めて円グラフで紹介し、この中の話し方、とくに声に関する部分を具体的に解説します。

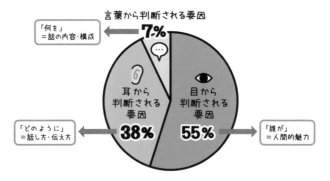

耳から判断される38％の部分が、面接官があなたの声を聴覚からとらえ、判断する部分です。ポイントは5つあります。

① 声の大きさ
② 声のトーン
③ イントネーション
④ 話すスピード
⑤ 間の取り方

普段、対面で話をするときも、このすべてのバランスが良い人の話し方は非常に聞き取りやすく、話の内容もすんなりと頭の中に入ってくるといわれています。しかし、このバランスが一つでも崩れると聞き取りにくさにつながります。とくに、①声の大きさについては、最近の就活生たちは声が小さくて聞き取りづらいといわれています。もちろん大きすぎても違和感がありますが、対面とは違うWeb面接こそ、この5つのバランスを上手に整えることを目指したいものです。

　まずは、直近でWeb面接や面談をした方は、そのときの相手、面接官の話し方の印象を思い出してみてください。聞き取りやすい人もいれば決してそうではない場合もあったはずです。
　あなたの授業の先生たちはいかがでしょうか？ 棒読みでどちらかといえば印象に残りづらい、などという場合も少なくないのではないでしょうか。自分が良いと思った先生や面接官の話し方をしっかりイメージし、自分のものとして取り込む意識をもちましょう。
　昔から "人の振り見て我が振り直せ" という言葉がありますが、自分の話し方は客観的にとらえにくいものです。まずは他人の話し方の特徴をつかみましょう。

Point
人の話し方を観察してみよう

◆ 聞き取りやすい人の話し方の特徴をみつけよう
◆ 印象に残る人の話し方で一番印象に残る部分はどこかをみつけよう
◆ 人の良い部分は参考としてしっかり自分のものとしてとりこもう

02 Web面接こそ "声の身だしなみ"を意識する

 身だしなみといえば、真っ先にイメージするのが服装や髪形。自分の "声の身だしなみ" は意識していますか?

"声の身だしなみ"を意識すると感じのよい話し方につながります

まずはイメージしてください。

対面の会話の最初に、いきなりせき払いをする相手がいたら、「えっ?」と思いませんか? マスクをしていても唾が飛んできそうですね。

相手がボソボソと小さな声で話し始めたら「超消極的な人?」って、一瞬にして感じることでしょう。

その反対に、耳を押さえたくなるほどの大声がいきなり聞こえてきたら、「距離感おかしくない??」って、相手の感性や人間性まで疑いたくなるのではないでしょうか。

これらの例はいずれも、話し手が、聞き手である相手に対し、不快感を与えないようにしよう、という配慮が全くないから起きてしまうことです。コロナ禍の現在、いきなりせき払いをしたら、それだけで相手は不快だろうし失礼だ、相手に聞こえる声の大きさ、相手が耳をふさがなくてもいい、びっくりさせない声の大きさで話さなければ相手が聞き取りにくいだろう、というような意識と配慮がちゃんとあれば、避けられるはずのことばかりです。

身だしなみは、"自分のためではなく相手のため"にあります。相手が不快に思わないように、その場に合わせた服装や整髪、化粧をするのです。声も然り。声の身だしなみを意識することで、話し方の印象は大きく変わり、高い評価につながります。

とりわけ第一印象時、誰からも好感がもたれる声とは

◆明るい声

◆少し高めのトーン

◆イキイキした声

　この3つは、面接シーンではもちろんのこと、将来、仕事の現場でお客様に挨拶するときも、間違いなく好印象をもたれる代表例です。さて、あなたの声はいかがですか？ 全部は無理だとしてもひとつくらいは当てはまりませんか？

　Web面接は相手を近くに感じられないからこそ、あなたの表情だけでなく、声がちゃんと"相手の心に届くように"話すことができたなら、きっとあなたの言葉が深く、強く面接官の印象に残るはずです。

　声は自分の持ち物。ダイエットだって自分で上手にコントロールするように、声も自分の力でなんとかやりくりしてみましょう。

03 声の大きさや響きを工夫しよう

対面式で声の大きさを調整するのは、案外難しいものです。しかしWeb面接は、マイクのボリュームで調整できるメリットがあります。それでも……。

声の大きさを機械に頼る意識を捨てよう

いきなりですが、皆さんはカラオケは得意ですか？　私もときには学生たちや取引先の方々とカラオケに行きますが、「えーっ？坪田先生、歌上手！」ってびっくりされます。ちょっと嬉しくて、そのたびに、"自分の仕事、選択を間違えたかしら？？"と言って、みんなで大笑いすることもあります。

でも実は、毎回、"上手に聞こえる工夫"をしているんです。決して最初には歌いません。ほかの人が数名歌うことによって、音楽の大きさ、声の大きさがわかります。ちょっと音楽が大きすぎると思ったら、自分のときには音量の調節をします。さらに、エコーを調整します。エコーありと無しでは、たとえばバラードなどを選曲したときは上手に聞こえるかその反対かが決まると考えています。私の番が来たらエコーのボリュームも少し上げます。そして歌うときの姿勢にも気をつけています。声が出やすいように背筋を伸ばし、決して顎を上げすぎず下げすぎず、声が前に出るよう、ここまでを完璧に意識しています。

まだありますよ。マイクと自分の口元の距離感をもベストにしたうえで、ようやく歌い始めるのです。「1曲目なのに声が出てる」「声量が半端ない！」ともいわれますが、これまた秘訣あり。カラオケに行くのは夕方以降。私の日常はたいてい、朝から2コマ〜

３コマの授業をしていますし、90分の講演をする場合もあります。つまり、カラオケで歌う前に発声練習をしていたことになるんです。だからこそ、「歌、上手！！」って言ってもらえるのだと考えています。

　この話をしたのは、決してカラオケ自慢をしたいからではありません。確かに私はカラオケの音量や質感を細かく調整していますが、それでも最後の決め手となるのは自分の声だと言いたいのです。
　私が歌ったあとに、次の人が歌い始めます。機械のバランスもエコーも私が調整したままなのに、私とは違う声が聞こえてきます。声が小さい、エコー感がほとんど感じられない……。この私ですら上手に聞こえるよう完璧に機械のバランスを整えているのに……です。

　Web面接では事前準備の段階で声の大きさを調整することができます。大きさに自信がない人にとっては大きなメリットです。しかし、それでもあなたの普段の声、声の大きな就活生よりもはるかに聞こえづらいことに気づいていますか？　Web面接こそ、しっかり口を開いて響きのある声を出すことを意識してくださいね。

Point
声の大きさも響きも意識から

◆声を“前に出す”意識を常にもつこと
◆面接が始まる前に軽く発声練習をしておくこと
◆面接官に「えっ？」「もう一度おっしゃってください」と言われない声の大きさで話すこと

04 滑舌よく話すために口を自由自在に動かそう

 "滑舌がいい人がうらやましい" という言葉をよく聞きます。聞き取りやすいし、自信に満ち溢れているようにすら見えます。どうすれば滑舌よくなれるでしょうか。

口を縦横に大きく開く

まずは鏡の前に座り、スマートフォンの録音機能が使えるように準備します。鏡を見ながら録音して、次の言葉を読んでください。

あいうえお
おはようございます
よろしくお願いします

それでは聞いてみましょう。
それがあなたの普段の声です。

次は、口元の開きを変えてみます。
鏡をしっかりと見て、ほとんど口を開かないで声を出します。腹話術のようになるべく口を動かさないように。

あいうえお
おはようございます
よろしくお願いします

それでは聞いてみましょう。

先ほどの普段の声とは違うはずです。
　くぐもっていたり、フガフガ言っているようで、聞き取りにくいのではないでしょうか。

　最後のチャレンジです。
　鏡を見て、まずは口を縦横にはっきりと開き動かして、

あいうえお
かきくけこ

と言ってみましょう。
　このとき、顎が痛くなるくらい、縦横に開くのがポイントです。
　自分の耳で聞くだけでも、なんとなく先ほどのフガフガした声とは変わっているはずです。

　では録音開始。言葉は２つにします。

おはようございます
よろしくお願いします

　聞いてみましょうか。「あれ？　自分の滑舌、急によくなった？？」と感じるのではないでしょうか。

Point　**滑舌が悪い人、聞き取りにくいといわれる人は**
◆ 口の開きが足りないかもしれない
◆ 横にしか開かない人はベターっとした稚拙な声になりがち
◆ 縦横のバランスが大切

ディレイ(遅延)を意識して、普段より「間」を長くとる

Web面接では、音声や映像が遅れることがしばしばあります。ネット環境の問題はさておき、自分の声が相手にちゃんと聞き取れるような間を意識します。

言葉と言葉の「間」を少し長くとること

Web会議で、遅延レベルが大きい場合には、会話がスムーズに進行しないという問題が生じます。これが面接なら、会話が弾まない、意思の疎通がうまくいかないとお互いが感じてしまいます。

一番の解決方法は、ネット環境を整えることですが、そこまでできるかどうかは個人の事情によってさまざまです。今ある環境の中で、自分の話し方を変えて、少しでも遅延レベルを減らす工夫をしてみましょう。

実際の面接で「はい?」と言われるときは、たいてい、話し手の最初の言葉が聞こえづらいときです。そもそもWebにはディレイがつきものですから、相手の質問に答えるときは、いつもよりも長く間をとって答えてみてください。

たとえば、次のような会話をイメージしてください。

面接官:大学名とお名前をどうぞ。
就活生:○○大学3年、坪田まり子と申します。

対面ではこのように話していきますが、少し間をとるためには、

すぐに声を出さず一瞬だんまりするか、もしくは「はい」という言葉を入れてみます。

面接官：大学名とお名前をどうぞ。
就活生：（少し黙る）〇〇大学3年、坪田まり子と申します。
または
はい。〇〇大学3年、坪田まり子と申します。

　だんまりは、その長さが案外難しいものです。自分ではちょっとだけ間をとったつもりが、相手には長く感じるかもしれないからです。
　「はい」と返事をした後には、当然「〇〇大学」という話し始めの「〇」までに適度な間が入ります。早口言葉でない限り、「はい〇〇大学3年坪田まり子………」という話し方にはならないはずだからです。

　このように、すべての質問に「はい」を入れてみませんか？ あなたのネット環境がよい場合には遅延はほとんどないはずですが、それでも「はい」という言葉が面接官にしっかりと聞こえたとき、はきはきした印象、さわやかな印象をもたれることでしょう。ディレイ対策が好印象につながります。ぜひお試しあれ。

06 聞こえなかったときの 「はい?」は超失礼

相手の声が聞き取れないとき、思わず言ってしまう「はい?」「え?」は、Webでは避けましょう。面接時、思わず片手を耳にあてるようにして「はい?」と、画面に近づいてしまう場面をしばしば目にします。

「はい?」ですませないで、はっきりと言葉にしましょう

　聞こえない、聞き取れないことがしばしば起きうるのがWeb面接です。ネット環境があまりよくない人は、面接官に対し「はい?」「え?」と何度も言いたくなるかもしれません。面接官に対し頻繁に聞き返すのは失礼だと考える人は、適当に答えてしまうケースがあるようです。それが的を射た回答であれば問題ありませんが、頓珍漢な回答になることもあります。質問が聞き取りにくかったのですから、意図をしっかり理解して答えるのは難しいことだからです。

　なぜ「はい?」「え?」が失礼かといえば、理由は2つあります。1つ目は「はい?」と言われても、相手にもなんのことだかわか

らない場合があるからです。相手もそう言われて「え？」となるかもしれません。

　聞き取れないから、聞き返す意味の「はい？」であるなら、

　「申し訳ありませんが、もう一度初めからおっしゃっていだだけませんでしょうか」

　と全文、言葉にするべきです。

　ここまで言えば、相手も「え？」でなく、

　「聞こえづらかったのですね。申し訳ありません」

　と前置きをした上で、再度、質問を繰り返してくれるはずです。

　一般の会話でも、「寒いんだけど」と親しい相手に言うことがあります。これで終わってしまうのは本当は失礼です。寒いと言った自分の気持ちを察して、行動してくれということですから。

　「寒いんだけど、窓を閉めてくれない？」

　全文をきちんと言うことが好感のもたれる話し方です。

　もう一つの理由はWebならではの問題です。左ページのイラスト、あれがあなただとすれば、感じよく見えますか？？ Noですよね。

　Web面接だからこそ、自分の映り方に気をつけようと第1章で解説しました。まさか「はい？」というときの表情まで気をつけるなんて！ とびっくりされたことでしょう。ビジネスシーンではやはり相手が不快に思うような表情や表現は極力避けていきます。ましてや面接官は友達でも親しい先輩でもありませんから、「はい？」「え？」ですませてしまうことは、限りなく失礼と心得ましょう。

相手の質問に落ち着いて対応するコツ

オウム返し話法をご存じですか。
相手の言葉をもう一度繰り返す手法ですが、面接で
これを使うことで好印象を与える効果があります。

オウム返し話法を"自分が答えるとき"に活用してみる

本来のオウム返し話法の使い方は、質問を相手にするときに使うものです。

たとえば、

相手:「明日さ、銀座に行く予定なんだけどね」
あなた:「へえ、明日、銀座に行くんだね」

こう聞き返すことで、「相手が明日、銀座に行く」ということをはっきり聞き取ったという意思表示になるとともに、さりげなく相手にもっと話させるきっかけをつくることにつながります。

ビジネスシーンでは、話すよりも聞く力が大事といわれます。これが相手の気持ちや言いたいことを引き出す質問力にもつながっているのです。

上記を別の言葉で切り返してみましょう。

相手:「明日さ、銀座に行く予定なんだけどね」
あなた:「なんで？ 銀座は大嫌いなところって言ってたじゃない」

となれば、相手はそのことを説明するところから始めなければなりません。会話はキャッチボールのようなものだからです。

自分の気持ちや意見を交えた返しをするのではなく、相手の言葉をただオウム返しにするほうが、相手が言いたいことを遮らない、効果的な質問力につながるというわけです。

　ではこれを面接でどう活かしましょうか。

パターンA:
面接官:「なぜその大学とその学部を選んだのですか？」
就活生:「教育に熱心な大学で、教員免許が取得できるからです」

　と簡潔に答えることももちろん一案ですが、あえてオウム返しにすることで、場合によっては言葉に深みが出てきます。

パターンB:
面接官:「なぜその大学とその学部を選んだのですか？」
就活生:「はい、なぜその大学と学部を選んだかといえば、教育に熱心な大学に入り、教員免許を取得したいと考えたからです」

　質問によっては、わかりにくいものや即答しづらいものもあるはずです。そんな質問にも"ちゃんと答えています"というような、落ち着いたしっかりした印象を与えることができるのはパターンBかもしれません。

　もちろん申し上げるまでもなく、質問が10個あったときに、10個ともオウム返しをするのは避けましょう。さすがにくどいと思われるはずですから！

第2章　面接官に"想い"を伝える！　話し方のコツ

08 他人と練習をして 自分の話し方を客観視する

 しょっちゅう鼻を触わる、声が大きすぎるなど、人に言われて初めて気づくクセがあります。言葉の中にも自分では気づかないクセが多々潜んでいます。

彼氏・彼女よりも客観的な評価をしてくれる相手を選んで

　自分の話し方のクセなどを他人に評価してもらうときには、人選を間違えないようにしましょう。彼氏、彼女はもちろん、家族も避けたほうがいいかもしれないと私は考えています。

　なぜなら、あなたのことを愛するがゆえに、あなたがショックを受けるようなことを、はっきりと言いづらいかもしれないからです。

　自分の話し方を客観的に評価してもらうためのベストな相手は、就職課やキャリアセンターの方々ではないでしょうか。あなたが内定を取れるよう指導する立場だからです。

　先輩訪問や面接・面談時に、相手から「なにか質問はありませんか？ なんでも聞いてください」と言われることがあります。このときに「今日の私の印象はどうだったでしょうか」という就活生が少なからずいるようです。

　印象が超悪い就活生に「感じが悪すぎて問題外です」と言えると思いますか？？ 多くの人事や先輩たちが、"この質問には参るよなぁ"とおっしゃっています。もちろん選考が進んだ段階であれば、あなたを担当しているリクルーターや人事の方が「次は○○を気をつけて」「もう少し志望動機を詳しく考えておいて」などと内

容についてアドバイスをしてくれることはよくあります。しかし「しょっちゅう鼻を触わっていた」「声が大きすぎて耳をふさぎたくなったよ」「君、場の空気読めてないんじゃない？？」とはさすがに言いにくい。このあたりはきちんと自分で認識すべきです。

　就活相談をする際にはあらかじめお願いしておきましょう。
　「自分では気がつかないしぐさやクセがあるのではないか心配です。また余計な言葉、たとえば、『とはいえ』など頻繁に使うものはないかなど、ぜひ率直に教えてください。お願いします」と。

　ある大学3年生の男子学生は明るい笑顔が魅力的で、友人やアルバイト先とのコミュニケーションには自信をもっています。メガバンクの総合職を目指し、ビジネスシーンでも認められる話し方を学びたいと私の授業を履修しています。どんな課題にも、堂々と発言することができますが、つい「やっぱ」「そんとき」などのいつものクセが出てしまいます。「先生の授業は、僕の話し方のクセをその都度指摘してくれるから助かります！」と言ってくれますが、「普段の生活の中でも意識することが大切よ」と苦笑しています。

　就活相談は、もちろん友達を相手にしてもいいと思います。相手も同じ就活生であれば、「今日はさ、徹底的に敬語で会話してみない？」などの練習もできます。敬語は案外難しいものだからです。

　クセを指摘してもらったり、自分で録音して正すべきことに気づいたら、すぐに改善することが大切です。気づいただけで、またいつものような話し方をしていてはなんの進歩もありません。
　周囲で見つけた、感じの良い話し方の人を真似することも一案。
　"習うより慣れよ"の精神で自分の弱点克服に努めましょう！！

09 好感をもたれる声を作る①「明るい声」

明るい話し方、暗い話し方の人がいます。あなたはどちらのタイプですか？ 面接ではいつもの話し方ではなく、その場に合わせて明るさや暗さを演出することも必要です。

暗い声の人でも明るい声に聞こえる方法があります

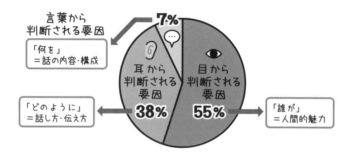

言葉から
判断される要因

7%

「何を」
＝話の内容・構成

耳から
判断される
要因
38%

目から
判断される
要因
55%

「どのように」
＝話し方・伝え方

「誰が」
＝人間的魅力

　上記の円グラフは前述したメラビアンの法則です。言葉よりも大事なものが視覚や聴覚から感じるものでした。声は、38％の「耳から判断される要因」の中の「声のトーン」がまず絡むところです。ただし、声だけでコントロールするのは難しいため、ここに視覚である表情をプラスして練習していきます。

　鏡の前に座り、そしてスマホの録音機能もご準備ください。

　さあ、右ページのイラストのとおりトライしてみましょう。まずは左側、真顔でこう言いましょう。

「私の長所は明るくて積極的なところです」

　録音した声を聞いてみてください。きっと暗い声になっています。

そして鏡に写っていた表情は、暗く、おとなしそうな印象の人に見えたはずです。

　さあ、今度は右側のイラストを真似してみます。イラストよりもっと笑顔でいきましょうか。

「私の長所は明るくて積極的なところです」

　さあ、聞いてみましょう。おそらく明るい声で、表情も自分でも恥ずかしくなるくらいの満面の笑顔が印象に残っていることでしょう。明るくて元気な印象に変わったはずです。
　明るい声にするためには、明るい表情で話すことがポイントですよ。

　では、暗い気持ちを話すときはどうしましょう。たとえば「大学2年の時にケガをして部活をあきらめざるを得ませんでした」というセリフです。ここでも鏡を見ながら、真顔と笑顔の両方で録音してみましょう。
　聞いてみたらおわかりですよね。笑って話すセリフではありません。真顔で真剣に話すことで、あなたのまじめさ、誠実さが伝わります。

10 好感をもたれる声を作る②「高めのトーン」

 皆さんの中には声のトーンが低い人、高い人がいます。面接で話す際には高めのトーンのソプラノがおすすめです。

ここでも表情が決め手です

先ほど録音した声をもう一度聞いてみましょう。

真顔の時と満面の笑顔の時の、声のトーンの違いを聞き分けてください。

もう、おわかりですよね。真顔の声はどちらかといえば音が低い、笑顔の声はその反対で少しトーンが高めになっているはずです。

笑顔で話すと、声は明るく少し高めのトーンになり、真顔や無表情で話すと、どちらかといえば暗くて低めのトーンになります。

大学でビジネスマナーの講義をした際に、「アルバイト先で電話対応をする機会がある人は、ぜひ意識して笑顔で発声してみてください」と話したことがあります。

次の講義で早速、学生たちから「店長から褒められました」「『これからの電話対応は君に任せるよ』と言われました」などと、嬉しい報告が上がってきました。

電話は相手の顔が見えません。「お電話ありがとうございます」の声の印象だけが相手の耳に残ります。暗くて低い声だとしたら、活気のない店と思われても仕方がありません。だからこそお店は、電話の第一印象が「明るくて高めのトーン」になるように徹底して

います。電話に出た人の声のトーンひとつで、良くも悪くもお店の印象が左右されてしまうからですね。

　Web面接は電話とは違い、声だけでなく表情まで丸見えです。
　暗い声のときには真顔というより、どちらかといえば無表情なあなたが画面を通して相手に見えています。

「はじめまして。私、〇〇大学3年、△△△△と申します。よろしくお願いします」

　という挨拶のときは、明るい表情で話して印象をupさせましょう。耳に聞こえてくるあなたの声も、明るく聞こえる高めのトーンを意識して。

　表情で声のトーンがコントロールできるということは、使い分けが可能ということです。
　挫折の経験や失敗談を話すときには、笑顔は控えめにすることをお忘れなく。いつもへらへら笑っている人に見えたら真剣味も誠実さも感じられなくなります。
　そしてアルバイト先で、クレームを受けた時も、一気に真顔に変えることは言うまでもありません！「まことに申し訳ありません」を満面の笑顔で言った瞬間、クレームがもっと大きくなりますからね（苦笑）。

11

好感をもたれる声を作る③「イキイキさ」

新卒や新入社員の良いところは、疲れを知らない若々しさ、元気さです。毎年コンスタントに新入社員を採用する会社は、そうでないところに比べ、活気にあふれています。

イキイキ、はつらつとした若者は会社の宝です

"どうして面接や面談になると、いつもの明るさが消えてしまうのだろう"

　私自身が面接をするとき、このような気持ちにしばしばなることがあります。面接カードやエントリーシートには「長所は明るいこと」「誰とでも仲良くできる」「社交的で営業に向いている」などと書いてあるからです。対面式でもWebでも、どこから見ても書いてある人物像とはイメージが違うと思える就活生が多いことを心から残念に思っています。貼ってある写真も明るくて感じのよい分、そのギャップがうまくいかない原因になりかねません。

　緊張するから、という気持ちはわかります。「ふざけているように見えないためにも敢えてまじめモードに徹して控えめにしている」という就活生もいます。でも私は、まじめ＝控えめ、明るさを抑えるという印象では厳選採用時の合格は難しいと考えています。

　まじめでおとなしい印象の人は小、中、高時代は先生から好まれたことでしょう。大きな問題を起こさず、手がかからないからです。しかし採用されるためには、「まじめ＋明るく積極的」な印象が必

要です。声も、おとなしく控えめに聞こえるよりも、イキイキした声がベストです。ましてやWebではただでさえ、相手が遠いように感じてしまうものですから、聞こえる"だけ"の声ではなく、声にイキイキさをつけるために、ぜひ以下にチャレンジしてください。

　スマートフォンの録音機能を準備して、次のセリフを声を出して読んでみます。

「私には高い語学力があると自負しています。この強みを活かして、グローバルなステージがある御社の営業として頑張ります」

　前提として笑顔でお願いします。明るさと少し高めのトーンは社会人としての基本イメージです。

パターン１：普通に話し、録音します
パターン２：下記の赤字の部分を強く声を出してみてください。
　　　　　　　ちょっと難しいので、何度か練習した後に録音することをおすすめします

「わたしには（間を少しとる）たかい　語学力がある、と自負しています。この強みを活かして、グローバルなステージがある御社の営業として　頑張ります」

　さあ、違いを聞いてみましょう。単なる棒読みのパターン１と、パターン２の声の違いがはっきりと認識できたはずです。
　イキイキさが、生まれもった個性そのものである人もたくさんいますが、声は、意識とやる気とほんのちょっとのコツで変えられるということです。

12

説得力を増す
上手な間の取り方

面接では、話すのが就活生、聞くのが面接官ですが、ひたすら話し続けるのはよくありません。上手に間をとり、深みを出しましょう。

間をとることを恐れるべからず

こんな話し方の人、あなたの周りにいませんか？

「今日は、あー、昼休み時間を利用して、えー、歯医者さんに行ってきました。あー、それは急に奥歯がうずきだしたからです。うー……」

文字で見るとなんのこと？　って思うかもしれませんが、実際に声を出して読んでいただけたら、「あー、確かにそんな人いますね」と感じていただけるはずです。

このような話し方は、不特定多数の前でするスピーチの場面でよく見かけます。市長や校長先生が、入学式や卒業式で生徒に向かって講演をするときなどです。おそらく、言葉と言葉の間に「えー」「あー」「でー」と言うことで、話しやすい流れやタイミングを測っているのかもしれません。

「間をとるのが怖いので、言葉を埋めようとして、つい……どうでもいい言葉を差し込んでしまいます」という人もいます。
先ほどのセリフから、余計な言葉を省いてみますので、皆さんは元の文章と、次の文章を再度声に出して読み比べてみてください。

できればスマートフォンで録音していただければ、どちらがいいか がはっきりとわかるはずです。

「今日は、昼休み時間を利用して、歯医者さんに行ってきました。 それは急に奥歯がうずきだしたからです。」

　間をとるのが怖くて、敢えて「えー」「あー」を連発していると したら、大損であることがおわかりいただけるはずです。

　「えー」「あー」ということところは声を出さず黙ることが、間をと ることにつながります。間をしっかりととり、63ページで解説した アクセントをつけてイキイキした声で話すことができたなら、不思 議と説得力が増します。落ち着いて、ひと言ひと言を大事にしてい るような、凛とした存在感のある話し方として印象に残るはずです。

　高校生までの国語の授業時には、しばしば音読をすることがあっ たはずです。クラスの中に、音読が上手な人がいませんでしたか？ 　上手な人はおそらく「声が大きい、句読点をしっかり意識してい る、滑舌がよい、スピードが適切、朗々と自信あふれる読み方」など どの特徴があったのではないでしょうか。大人になると音読をする ことはほとんどありませんが、いい機会ですから皆さんの身近にあ る本を手に取り、ぜひ音読してみてください。はじめはいつもの自 分の話し方で音読します。次は、言葉の頭出しにアクセントをつけ、 句読点で適切な間をとり、全体的にイキイキさを意識しながら音読 してみましょう。きっとご自分でも違いがわかるはずですよ。

13

Webでこそ見せたい"熱意"は抑揚がポイント

 Web面接ではなにかを読んでいるように見えるときがあります。声に力がなければ棒読みに聞こえ、熱意など伝わるはずもありません。

熱意は目に見えるもの、心で感じるもの

「熱意」とは、

熱心でひたむきな気持ち
物事に対する意気込み

いずれも面接では欠かせないものです。それにも関わらず、面接官が「熱意が感じられる」と評価できる就活生は、残念ながらそう多くはありません。ただでさえ緊張する面接で、熱意をもって話をするということは非常に難しいことのようです。

Web面接では、たいていが胸元から上しか見えないため、堂々とした立ち居振る舞いを見せることができません。何度も申し上げてきたように表情と声だけが頼りです。緊張しても声を振り絞って「御社に入りたい」という熱い想いを伝えきるしかありません。

次のセリフをまずはあえて棒読みで音読します。ただし、スピードだけは、相手に聞かせるような適度な速さにしてみてください。

> 「医学部を目指していました。父が開業医であり、後を継いでほしいという気持ちをなんとなく子供のころから感じていた

> からです。父は決してそれを言葉にしたことはありませんが、大学を選ぶ際にはかなりプレッシャーを感じてしまい、父の目をまともに見ることはできませんでした。なぜなら、ずっと野球を頑張ってきた自分にとっては、医学の道よりも、野球に力を入れているH大学が第一希望だったからです」

次は、役者になったつもりで極端に抑揚をつけてみましょう。カッコの中は演じるためのイメージ、赤字は声を強くするアクセントをつける部分です。

> 「(正直に話します、聞いていただけますか？　というようなニュアンスで)**医学部を目指していました。父が開業医であり、**(少し声を落としてしんみりとした声で)**後を継いでほしいという気持ちをなんとなく子供のころから感じていたからです。**(誤解しないでほしいと父を弁護するように少し力強く)**父は決してそれを言葉にしたことはありませんが、**(辛そうな声で)**大学を選ぶ際にはかなりプレッシャーを感じてしまい、**(多少ため息まじりに)**父の目をまともに見ることはできませんでした。なぜなら、**(だんだん力強く、自分の気持ちを理解してほしいという気持ちを込めて)**ずっと野球を頑張ってきた自分にとっては、医学の道よりも、野球に力を入れているH大学が第一希望だったからです」**

録音したものを聞き比べてみてください。熱意は、時として心の叫び、願いでもありますから、相手に通じるように話さなければなんの意味もありません。Web面接こそ表情と声がすべてです。

講演も面接も対話です

　毎年、講演する機会を多々いただいています。経営者から小学生まで聞き手の層はかなり広く、時間の許す限り積極的に講演を引き受けています。

　どうしてって？　もちろんそれが私の仕事だからですが、"自分の想い"を言葉にすることの面白さや、聞き手である会場と一体感を感じることができる醍醐味をいつしか知ってしまったからかもしれません。

　当初は、練りに練った内容でも、緊張している私を見つめる会場の目線は、決して温かいものとは思えないときがありました。不安に思っている私の気持ちを見透かすように、聞き手も「こいつはどんな話し方でなにを話すのだろう」と無意識に考えているからでしょう。お互いに半信半疑の状態だったと思います。

　いつしか最初の発声時「みなさん、こんにちは」から、会場の一人一人に向け、声を出すようにしました。この挨拶だけで、「おー」「ひゃあ」などとざわめきが起きるようになりました。

　終了後のアンケートによく書いていただける言葉は、

　「先生の第一声を聞いた瞬間から、この人の話はちゃんと聞かなければならないと思えた」

　講演も一方通行ではなく、お互いにわかり合える対話だから楽しい。

　面接もきっと同じですよ。

第 3 章

あなたはどう答える？
面接でよく聞かれる
質問集

01 簡単に自己紹介を お願いします

「簡単に」「簡潔に」自己紹介をと言われているのに、長々と自己PRをする人がいます。実はこれ、ルール違反です。

自己紹介はメニューととらえよう

「〇〇大学3年の山田かなえと申します。大学では、教育学部に所属し教員免許を取得することを頑張っています。サークルはサッカー部のマネージャーとして部員をサポートしたり、対外試合のときには交渉役をすることもあります。アルバイトは某ファーストフード店で接客をしています。県内で年に一度開かれる接客コンテストで、笑顔部門1位をとったことがあります。よろしくお願いします」

長いと思う人もいるかもしれませんが、普通の話すスピードで約30秒の長さです。自己紹介として、あくまで山田さんという自分を知ってもらうために、"面接官に聞いてもらいたいこと"を項目ごとに並べたイメージです。レストランで出されるメニューのようなものと捉えてください。加えて"本日のおススメ"を足しています。山田さんというメニューの項目が、

・学部について（＝前菜メニュー）
・サークルについて（＝肉メニュー）
・アルバイトについて（＝魚メニュー）

の３つであり、**“本日のおススメ”** に該当するのが **「接客コンテストで笑顔部門１位」**

となります。

　面接官に、メニューを複数紹介するのは、どれかを選んで質問してほしいからです。そのために、その場で考えたどうでもいい内容にしないようにあらかじめ決めておくことが肝心です。集団面接などでは、先の人がアルバイトの話をしたなら、次の人には他のことを聞いてみたくなるものです。メニューが豊富であることは面接官を飽きさせない配慮にもつながります。

　“本日のおススメ” は、そのメニューの一番最後に入れます。最後の言葉が一番印象に残るからです。

　面接官が興味をもってくれて「なんですか？　その接客コンテストって」などと聞いてもらえればこっちのものですね。

　留意すべきは、入室後（Web では待機後）、先に大学名や学部、名前を名乗っている場合は、「大学名と学年」は繰り返しません。名前だけは覚えてもらうために繰り返します。

MENU
Starter
学部について

Main 1
サークルについて

Main 2
アルバイトについて

〜 本日のおすすめ 〜
接客コンテストで
笑顔部門１位

02 1分差し上げます。 自己PRをお願いします

 自己PRと言われているのに、自己紹介をしてしまう就活生がいます。自己紹介と自己PRは別物です。区別して考えましょう。

自己PRでは、相手に一番伝えたいことを詳しく話す

「私の強みは、置かれた状況の中で常にベストを尽くす姿勢です。努力は決して裏切らないと信じ、どんなときも頑張ることができます。

実は某ファーストフード店でアルバイトをしています。当初は声が小さくて、お客様から何度も聞き返されたり、オーダーを中に伝えることもうまくいかず悩みました。店長から「ちょっと笑顔不足。先輩たちのような笑顔で「いらしゃいませ」と言ってごらん。まずは真似することから始めよう」と指導されました。そこから私のベストな接客を目指す日々が始まりました。次第にお客様の笑顔が増え、私自身も変わり始めました。3年目、店舗から1人だけ選ばれる接客コンテストに出場する機会を与えられました。結果は私が笑顔部門第1位。お店をあげて喜んでくれましたし、大きな自信につながりました。置かれた状況の中で常にベストを尽くす力は誰にも負けないと自負しています」

　前述した自己紹介の中の「本日のおススメ」を強調した内容ですね。文字としてみると長いように感じるかもしれませんが、普通のスピードで約56秒の仕上がりです。

「1分」と言われたら1分で、「3分」と言われたら3分で話すことをまずは目標にします。1分の時間があるのに、20秒、3分も与えられているのに1分50秒では、やる気がない、工夫を怠っていると思われかねません。限りなく1分や3分に近づけるように、原稿を書いては録音し、何度もやり直してベストタイムを目指してください。

　また、時間の指定がなくても、自己PRは大事ですから、1分を目指してみましょう。実は、面接官にとって、1分は聞く許容範囲だからです。

　その代わり、だらだら話さないこと。簡潔に話すこと。聞き手があなたの話す内容を目に浮かべることができるように抑揚をつけて話すことが必要です。

　何度も書きましたが、Web面接ではメモや紙を近くに置く人が多いです。自己PRと志望動機だけは決してメモを見ないこと。

　自己PRはあなたの強みを伝える一番大事なシーンです。目力と表情と声の力で、カメラに向けて熱く話すことをお忘れなく。

長所と短所を述べてください

 即答できそうな簡単な質問ですが、実に難しい質問でもあります。ごまかそうとしても必ず見破られますし、話した内容全体の信ぴょう性に関わってきます。

長所と短所、どっちを先に話す？

> 面接官：あなたの長所と短所を述べてください。
> 就活生：私の長所は最後まであきらめず努力ができること、短所は怒りっぽいところです。

　上記は結論だけ述べていますが、1分以内でエピソードも交えて話すことができます。

　なんのためにエピソードをつけるのか。それは、その結論を強調することでより相手にわかってもらう、イメージしてもらうためです。長所には必ずエピソードまで話すことをおすすめします。一方で、短所にエピソードをつけるかどうかは考えものです。

　話の流れをイラストで解説しましょう。

　プラスゾーンの話が長所の部分です。1分のうち40秒くらい話してもよさそうです。しかし短所はマイナスゾーンの話です。長所と同じようにエピソードを話すと、マイナスゾーンをイメージされる時間が長くなってしまいます。

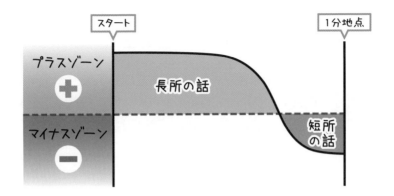

では、先にマイナスゾーンである短所を話し、後半にプラスゾーンの長所を話せばどうでしょうか。確かに右肩上がりの話し方になりはしますが、これまた考えものです。

先に話した内容も案外、面接官にはインパクトが残っているからです。さらに言えば「長所と短所を述べて」と、わざわざ順に聞かれているのですから、言われたことに正面から答えるためには、やはり長所が先、短所が後ではないでしょうか。

ごまかそうとしても見破られ、全体の信ぴょう性にかかわるというのは、長所、短所こそ、話しているあなたの表情や態度を見れば、真実を伝えているかどうかがわかりやすいからです。"最後まであきらめず努力できる"ことが長所であると話しても、全体の答え方、雰囲気から"すぐあきらめてしまう"ような印象を与えてしまうと、あなたの答えた全部の信ぴょう性が薄くなることがあります。

長所と短所は、じっくり考えてください。Web面接こそ表情と目つきで、あなたの真の姿が丸見えになっていますよ。

04 人より優れているところは どこですか?

「とくにありません」と答えてしまうと、厳選採用下で採用されることは難しいでしょう。些細なことでも自信をもって答える姿が求められています。

自己肯定感をもつことが大切です

　主体性や協調性を試されるものや、あなたの忍耐力を試すものなど、さまざまなジャンルの質問があります。この質問は、自己肯定感を試されるものだと認識してください。

　自己肯定感は、一個人のみならず組織の人間としても必要なものです。これが低いと、会社や組織に入っても頭角を現すことができず、うもれてしまうのではと想像されてしまいます。

　自己肯定感の低い人には、物事を悲観的、ネガティブに捉えるという共通点があります。極端な場合には、自分は必要とされていないと考えてしまいがちです。企業が採用するのは、あなたを喜ばせるためではありません。社会情勢が厳しくても社員が一丸となって売り上げを上げる、組織全体をもっと高めるために頑張ってもらうために、"あなたが必要だから"採用するのです。

　正直に、もしくは敢えて謙遜して「ありません」と答えることは、自ら「この就職戦線から降ります」ということを宣言しているのと同じであることに気づいてください。

　逆に、自己肯定感が高すぎる人にも気をつけるべきことがあります。自信過剰に見えてしまえば、好感度が下がります。チームワー

クよく働けるか、危惧されるからです。やる気は見せても、人の意見や教えはしっかり聞く耳をもっているという姿勢を見せることをお忘れなく。

このタイプは、グループディスカッションや集団討論の中ですぐに見つけることができます。くれぐれも答え方、顔つき、振る舞いに気をつけてください。

自己肯定感が低いあなたへ

自己肯定感が本当に低いあなたへアドバイスをさせてください。

自分の"いいとこ探し"をしてみませんか。最低5個ノートに書きだしてみましょう。誰にも遠慮することなく、思った通り書いてみます。

①優しい
②親切
③祖母や祖父からいい子だねとよく言われる
④食べ物に好き嫌いがない
⑤字がきれい

素晴らしいです。どんな時に優しさや親切さを発揮できるか、エピソードも見つけておきましょう。食べ物に好き嫌いがない人は、健康なはずですから、「健康だけは人より優れている」という答えもできます。メールやLINE、チャットで用が事足りる時代に、字がきれいだなんて、まさに特技。強みとして胸を張って言いましょう。これと決めたら、自分が自信をもって答えればいいこと。まずは自分で"自分自身"を受け入れることから始めましょう。

05 挫折した経験はありますか? それをどのように乗り越えましたか?

 忍耐力を見られています。困難を乗り越えたエピソードまでを聞くことで、失敗してもそこから這い上がり、前向きに努力する力があるかを試されています。

人間関係の中での挫折経験の話がベター

　部活やサークルでの先輩や顧問との対立、アルバイト先でのクレームの話、大学受験に失敗した話などがほとんどといっても過言ではありません。エピソードがほとんど同じですから、その挫折をどのように乗り越えたかという部分が重要になってきます。ここは、就活の早い段階から、先輩や就職課、キャリアセンターの人に見てもらい、アドバイスをもらうことをおすすめします。きっとあなたが書いた原文よりも、深みが増していくはずです。

　挫折経験の中で、きついダイエットの話がしばしば出てきます。つらかったと思いますし、よくぞここまで!　と思えるような内容でも、これはあなたが自己解決した話になってしまいます。
　かつて25キロのダイエットに成功したという話をしてくれた男子学生がいました。想像を絶するほどの内容で、そのときの面接官は大変でしたね、と真剣に話は聞いていましたが、面接を通過するには至りませんでした。その理由は、人間関係の中でもまれた話ではないからということでした。

　社会に出て誰しもぶつかりやすい壁に、幅広い年齢層の人たちの中でうまくいかないということがあります。ダイエットのように、自分一人で乗り越えて解決するという話よりも、勇気を出して周囲

に積極的に働きかけることでその壁を乗り越えていくというようなストーリーが効を奏します。

「挫折の経験はありません」はもったいない！

「レジリエンス」という用語があります。大きな失敗や挫折をしてもそこから這い上がっていく、立ち直っていく力のことです。忍耐力のことをもって生まれた個性とあきらめてしまう人もいますが、このレジリエンスは、人間には「回復する力」と「心が折れない力」という２つの側面があるとしています。米国の心理学会によれば、レジリエンスは「個人の特性ではなく、困難な経験からの回復を意味する行動や思考、行為に普遍的に含まれ、誰もが学習し、発達させることができるもの」とあります。つまりどん底から這い上がる、なんとしてでも立ち直る力は、学習することで高めることができるということです。

社会人になれば日々いろんなことに遭遇します。仕事にストレスはつきものですし、人間関係や仕事がうまくいかず悩むことは当たり前ともいえます。だからこそ採用面接では、過去のあなたの経験を聞いて、困難や挫折から「回復する力」「心が折れない力」が備わっているか、そこから学習できたかどうかを面接で問うているのです。

こう考えると「挫折した経験や困難な経験はありません」と答えることが、いかに損であるかおわかりでしょうか。若いうちに困難や挫折を体験しそれを乗り越えたことは社会人になる前の試練といえるかもしれません。しっかり振り返り、立ち直った経験をプロセスで語れるように準備しておきましょう。

06

学生時代に一番頑張ったことを教えてください

いわゆる「学チカ」を問われています。学生時代にチカラを入れたこと、という意味です。自己PRと似たような内容になりがちですが、一ひねり工夫をしましょう。

強みは同じでも、エピソードを変えることができればOK

この質問は、誰もが自己PRと同じと考えがちですが、よく見てください。あなたの強みはなんですか？　と聞かれているわけではありません。

72ページで敢えて自己PRを、「私の強み」として書き出したのは、強みはあなたにとって唯一無二のものであるはずだからです。まずは強みとして述べ、それに該当するいくつかのエピソードを上手に選択して書くほうが伝えやすいからでした。

さあ、この質問は「頑張ったことは何？」ですから、強みとして書き出すのではなく、頑張ったこと＝エピソードを教えてくださいという質問です。

72ページで紹介した4行目からを抜粋して書き出す、話し出すということです。

「自信のなかった私が、アルバイト先の笑顔コンテストで優勝したことです」

というエピソードから話すということですね。

　ただし、自己PRのエピソードと、この質問のエピソートの内容がまったく同じだとしたら、あまりにも工夫がありません。
　同じシーンであっても違う視点のエピソードはありませんか？

　また、自己PRでアルバイトの話をしたのであれば、「学チカ」では授業のこと、部活のことで探してみるのも一案です。企業が求める人物像をよく把握した上で、部活の話がよりそれに近いイメージとなるか、それとも授業の頑張りがそれに近いものとなるかを考えて選択します。

企業規模と企業が求める人物像

　帝国データバンクの最新の調査によると、企業が求める人物像には「能動型人材」「協働型人材」「変革型人材」「地力型人材」の４つがあります。上位は「能動型人材（意欲的）」と「協働型人材（コミュニケーション能力が高い）」であることはご想像のとおりです。注目すべきは、企業の従業員数によってこの２つの位置が入れ替わること。従業員100人以下までの企業は「意欲的」が１位で「コミュニケーション能力」が２位です。100人超から1000人の大企業ではこの１位と２位が入れ替わります。さらに大企業寄りの規模では、問題意識が高い・創造性がある「変革型人材」が求められるのに対し、100人以下では「素直」「真面目・誠実な人柄」という「協働型人材」が上位に入ります。「専門的なスキルをもっている」「忍耐力」などの「地力型人材」はすべての規模にあてはまります。
　こう考えると学チカの中身は、あなたの希望する企業を規模からみて、この内容で大丈夫かを見極める必要もあるかもしれません。

07

アルバイト経験はありますか?

 「ない」と答える人がいます。その理由が問題とならないように、ない人は上手な説明を考えておきましょう。

アルバイト経験を聞く面接官の真意はどこにある?

「あなたは学生と社会人の違いをわかっていますか?」ということだと私は考えています。

比較する項目	学生生活	社会人生活
目的	勉強をする 知識を得る	仕事をする 知識を活用する
お金の動き	授業料を払う	給料をもらう
時間	自由な時間が多い 長期休暇がある	拘束時間が多い 長期休暇がない
人間関係	ほぼ同世代 ため語が許される 好きな人とだけ付き合うことが許される	年齢幅が広い 敬語を使う 好き嫌いなく付き合うことが求められる
目的遂行の方法	個人で勉強する	チーム全体で仕事をする
責任の所在	ミスは個人の責任	個人のミスも会社の責任
評価方法	テスト	日常の仕事ぶり・成果
評価の仕方	D評価でなければ合格	結果が出なければ認められない
評価者	教師	上司・先輩・お客様

　この表からわかるように、アルバイト経験があれば、少なからず、社会人生活に近い経験ができていること、加えて、人間関係の大切さや、評価者がお客様であるということを理解していることにつながります。

この質問が突然、問われる場合には、もしかすると、あなたの雰囲気や答え方を通して、稚拙さや自分本位な印象をもたれてしまったのかもしれません。

　「ない」と答えてしまうと、たいていその理由を聞かれます。大学院生の場合は堂々とお答えください。理系の場合にはとくに、研究が忙しくアルバイトどころではないはずだからです。

　かつて、商社を第一希望としていたアルバイト経験がない男子学生がいました。本気で商社マンになりたかった彼は、面接練習にも非常に熱心で最終面接までは行きついたのですが、おそらく最終面接でのこの質問がネックとなって不合格になってしまったと考えられます。

　「ありません」と答えた理由を正直に、「祖父や祖母がアルバイトはするなと言ったからです」と答えて、激しく突っ込まれてしまいました。最後は「アルバイトしなくても小遣いに困らないから」と言ってしまったそうです。
　さあ、あなたが面接官ならどう"ジャッジ"しますか？

08

学部・研究テーマについて

 企業は、いわゆるテクニカルスキルをもっている人材は戦力になりうると考えています。ただ、この問いは、あなたの姿勢を試しているのかもしれません。

どこまで語る＝説明する必要がある？

　就活生の中で、自分の学部や研究に直結している仕事に就く人は全体から見ると少ないといわれています。

　たとえば、教育学部を選んだ学生は、免許を取得して将来は教員になろうと考えたはずです。ただ、教育実習という現場に行って、教員は厳しいと方向転換をする学生たちも少なくありません。

　教育学部、法学部、経済学部などの文系学部の学生たちは、理系の学生に比べ、そこで学んできたことがその仕事に直結できるかをかなり悩み、選ぶ職種を"とくに専門性がないから営業しかない"と消去法で選ぶ人もたくさんいます。

　面接では、「学部のことについて」「研究テーマについて」「卒論のテーマ」についてお話くださいと言われることがあります。その企業の仕事とあなたの学びが直結している人は志望動機にもなりうるぐらいの説得力がある内容になるはずです。

　そうでない学生たちは、この質問をされたときには、あまり細かいことを考えずに、こう捉えればよいと考えます。

「あなたは勉強をまじめにしていますか？」

　こう短刀直入に聞かれたら、不真面目で毎年単位取得のことだけを心配している学生でも「はい、もちろんです」と答えるに決まっています。ですから、遠回しな言い方をして、勉強や研究をまじめにしているかを問われているんだと頭を切り替えてください。

自分が学んだことに自信をもって！

　学部や研究テーマを問われたら、自信をもって学んだことをしっかり、簡潔にわかりやすく述べ「なにごとも、生涯、真剣に学び続ける姿勢」があることを示せばよいと考えます。

　私は数年前からある大学の仏教学部の１年生に対し、授業をもっています。将来お寺を継ぐ僧侶になることが決まっている学生と、そうでない学生に分かれます。どちらが多いかといえば後者。就職活動について、仏教学部は就職に強くないのでは、とよく質問をされます。そんなとき私は自信をもって、本気でこう答えています。

　「仏教学部の学びの中に、人間として正しく生きるための本質がありませんか。あなたが学んでいることは、きっと企業の社長さんや管理職にはとくに魅力があるはずですよ」

　文系の学部は経済学部、経営学部、法学部、文学部とさまざまです。それは最終的には“あなたが選んで入った”学部であるはずです。自分が選択した学部の話を、笑顔で肯定的に答える姿こそが、「この会社に入っても、自分の会社のことを誇れる人だろう」と想像してもらうことにつながります。この問いはそういう意味で、とても重要です。見方と視点を変えて賢く乗り切ってください。

09 部活・サークル・ボランティア活動についてお聞きします

「アルバイトをしていますか」の質問と少し観点が似ています。**協調性やリーダーシップ**などが問われています。

役職者以外はだめ？

　学生たちに「部活やサークルの話をしてください」と聞くと、しばしば「役職にはついていないのですがいいですか？」と聞き返されることがあります。学生たちの感覚では、部長や副部長などの役職についているほうが、印象がよいと考えているようです。

　確かに、部長や副部長を任された経験がある学生は、部員から信頼されている、まとめる力をもっている、などの期待を面接官側からもたれることもあります。

　そのあとに「あなたはなぜ部長に選ばれたのですか？」という追加の質問がくる場合があります。面接官が一番がっかりするのは、「3年生は自分しかいなかったから」とか「持ち回りで順番だったから」などという回答です。ウソをつくわけにはいかないため仕方のないことかもしれませんが、この質問で面接官たちは、リーダーシップ、協調性、加えて調整力なども判断しようとしています。

　ボランティア経験については、ある人とない人がいますが、公務員や教員を目指すのであれば、たとえ短期、単発であっても、いくつか経験をしておきましょう。公務員は全体の奉仕者ですので、ボランティア経験はある程度必須です。ボランティアは基本的には無

償ですから、その活動を頑張るところに、公務員の資質につながる面があるからです。

　昨今、部活やサークルに入っていない学生も増えています。
　生き方、価値観はさまざまですから、経験がない人がいてもおかしくはありません。しかし、勉強以外の"社会"勉強をした学生とそうでない学生の違いは、面接官に言わせれば結構大きな判断材料になるようです。まだ間に合うのであれば、なにかに入ってみてはいかがでしょうか。
　多方面の経験がある就活生は、まったく経験がない就活生よりも、その存在感に自信を感じさせるなにかがあるからです。

　昔から"なにごとも経験に勝るものはない"と言われます。"苦労は買ってでもしろ"という先人の知恵もあります。79ページでレジリエンスの話をしたように、辛い失敗体験からも私たちはなにかを学び、少しずつ大人に成長していきます。大学生の本分は勉強をすることですから、本気で勉強を頑張る姿勢はもちろん大切です。しかし、大変な勉強をしっかりとしつつも、敢えて、集団の中でも自分の力を発揮し、集団が目指す方向に尽力するというサークル・部活動や、少しでも困った人の役にたちたいとボランティアをすることも、やろうと思えばできるのではないでしょうか。
　ひとたび社会人になれば、幅広い人間関係の中で、経験したことのないような仕事に向き合うことになります。部長や副部長である必要はまったくなく、一メンバーとして、部活・サークル・ボランティアとして頑張ったという実績は、きっと自信あふれる姿に見えるはずですよ。

10 趣味、特技はなんですか?

「趣味はありますが、特技はこれといってありません」と答える人が多いようです。どうでもよい質問のようで、どちらもちゃんと答えることで得をすることがあります。

管理職と特技が一致したことで採用につながるケースも

　会社によっては、社内で部活などを推奨しているところがあります。地域とのかかわりを上手にもつために、年に数回、地域の人たちを招待して球技大会をするなど、さまざまな取り組みがなされています。

　4年ほど前、ある男子学生が専門商社のインターンシップに参加しました。一週間程度の就業体験型でしたが、社長にとても気に入られたそうです。きっかけは社長の外出にお供したとき。剣道部に所属していて、県大会で準優勝したことを話して以来、社長からインターンシップが終了してからもとてもよくしていただいたそうです。社長自身、剣道をライフスタイルにされていたとのこと。本選にもエントリーして、彼は内定をとりました。社長は、「これからは一緒に剣道をやろう」と言ってくれたそうです。

　また公務員で某役場を目指す女子学生のケース。新卒だけではなく既卒も交じっていた集団面接の時のことです。2人の既卒に挟まれ、どうあがいても太刀打ちできないと、肩身の狭い思いだったそうですが、面接の後半で、「趣味や特技はなんですか」の質問に、彼女が答えたときから、町長の態度と声ががらりと変わったそうで

す。

「趣味と特技は、和太鼓です。時間が許す限り、地方で開かれるいろいろな大会に参加しています」

と答えたところ、町長は身を乗り出すようにして、和太鼓サークルについてたくさん質問してくれ、この時点から町長の目は彼女だけに向けられたことが、本人にもはっきりとわかったそうです。

面接終了時、彼女たちが面接室から退室する際、みんなの前で町長が彼女に向かって、

「〇〇さん、入所したら一緒に和太鼓をやろう。役場内は和太鼓の魅力を知らない人ばかりだから、期待しているよ」

と言ってくれたそうです。

既卒の2人はつらかったでしょうが、予想どおり彼女は無事、合格しました。
現在は町長とともに和太鼓で町興しを頑張っています。

成績優秀な営業マンは、営業先の社長の趣味や特技まで事前に調べていると聞きます。その話題を上手に投げかけることで、良好な人間関係をつくるきっかけになるからだと思います。

11 入社したらなにをしたいですか?

 面接の後半に聞かれることが多い質問です。あなたが答えた「したいこと」は、その会社が今現在も「力を入れていること」でしょうか。

「あなたのしたいことは、うちでなくてもできますよ」

ある大学で音楽を専攻していた女子学生の第一希望先は、エンターテインメント業界でした。レーベル（レコード会社）か、タレントが所属するプロダクションを受けるべく、目をキラキラさせて活動していました。

タレントが好きというわけではなく、演奏すること、聴くことのどちらも好きだから、就職するなら大好きな音楽の世界で働きたいとのことでした。

いくつかレーベルを受けた際に、面接官から
「入社してやりたいことはなんですか？」
と聞かれたそうです。

「クラシックを、今の若者たちにもっと浸透させ、普及させたい」

と答えた彼女に対し、いずれの会社でも同じ言葉が返ってきました。

「うちでなくてもいいのではありませんか？」

その言葉をきっかけに、なんとなくそれまで感じのよかった面接の空気が変わってしまったそうです。

　彼女は「自分のしたいことを正直に話したのに、なぜダメだったのでしょうか」と私に質問してきました。

　答えは簡単です。
　「それらの会社は、今、クラシックに力を入れていないのではありませんか？」

　彼女はしばらく考えこみ「その通りでした」と答えました。言われて初めて気づいたようです。

　どの会社にも今現在力を入れていることがあります。本当にその会社に入りたいのであれば、その会社の現在の方針を調べ、賢く答える必要があります。

　彼女にはもう一件だけレーベルの面接が残っていました。
　「もし同じ質問をされたら、クラシックのことは言わないで、その会社で一番売れているシンガーの制作に関わりたいと言ってみたら？」とアドバイスをしました。

　半信半疑でそう答えたところ、最終面接まで行きつくことになりました。
　この質問は「弊社をどこまで知っていますか？」という企業研究の深さを確かめられている質問と言えるかもしれません。

12 あなたを採用するメリットを 教えてください

 面接途中でモチベーションが下がったように見える 就活生に対し面接終了間際に聞かれる質問です。ど う答えるべきなのでしょうか。

覚悟を決めて、ポジティブな答えを返すこと

面接は面接官との対話ですから、それまでうまくいっていても、 なにかをきっかけにして、急にかみ合わなくなるときがあります。

経験の浅い就活生にとって一番つらい場面ですが、なんとか自力 でもう一度自分に興味関心をもってもらえるように方向転換を図る しかありません。

社会人になったら、取引先や営業先で相手とかみ合わなくなるこ とは、しばしばあることです。そのたびに泣いて落ち込んでいたら、 仕事にはなりません。

この質問は、うまくいっている就活生に向けられるのではなく、 どちらかといえば途中からトーンダウンした就活生に対して聞かれ ることが多いようです。

「君ねえ、今の自分の状態をわかってるの？ そんなうなだれた姿 で、本気でうちで働く気があるの？」

と聞きたいくらい、面接官が就活生に対し、がっかりしたときに つい出た質問ともいえるでしょう。

当然、モチベーションが下がっているのですから、まじめな就活生たちのほとんどが、
「今の自分には……メリットはそれほどないと思います」
と正直に、うなだれて答えてしまいがちです。

　類似の質問として、
「あなたが面接官なら、今日のあなたを採用しますか？」
があります。

　これを聞かれたときもまじめな就活生は、しばらく考えたのちに、
「いいえ、採用しません……」
と答えてしまいます。

　本当にこんな答えでいいですか？

　瞬時に"試されてるんだ"と気づいてください。同時に"途中からトーンダウンしているけど、君、本当にやる気あるの？"と目を覚ますように気づかせてくれたとプラスにとらえましょう。

　時間は元に戻せませんが、泣き寝入りはいけません。

「今日は途中でトーンダウンしましたが、必ず盛り返します。一度転んでも必ず次は立ち上がる姿勢が、私を採用するメリットだと思います」
　こんなふうに機転をきかせて、力強く答えてみませんか。Web面接ならなおさら、カメラ目線で力強く訴えかけることをお忘れなく。

「はじめまして」は一度きり

　その人との出会いが、その後うまくいくかどうかは、この一度きりの「はじめまして」にすべてがかかっています。

　初対面の挨拶は、笑顔で話せ、表情豊かに話せなどと言われますが、初対面時はやはり緊張します。ほとんどの人が緊張してこわばった面持ちで、マニュアル通りに「はじめまして」と言っているだけのように見えます。

　でも、気づいていますか？「はじめまして」という言葉は、二度と同じ相手には使えないことを。

　「はじめまして」という素晴らしい響きのある日本語は、一度きりしか使えません。だからこそもっと真剣に、ちゃんと相手に伝えたいものです。

　普通なら会えるはずもない大企業の社長や役員に会える特別な場面が面接です。最終面接で名乗るときは「はじめまして」からすべての人間関係が始まることをしっかり認識して、胸を張り、笑顔で名乗ってください。"もう一度会いたい"と思ってもらえるかどうか、この最初の挨拶がすべてです。

第**4**章

効果抜群！
内定に近づく
自己PR対策

01 Web面接だからこそ言葉よりももっと大事なこと

 志望動機や自己PRの中身はもちろん重要ですが、全体ではなく顔＝表情しか見えないWeb面接ではもっと大事なことがあります。

なにを言うかよりもどう見えるかどう聞こえるか

なにを言うか　⇒　話の内容そのもの
どう見えるか　⇒　表情や態度、動作
どう聞こえるか　⇒　声の印象（抑揚、間の取り方など）

　中途採用でも、多くの企業がWeb面接を取り入れています。ネットにはしばしばWeb面接導入に対する評価が挙げられていますが、人事担当者のコメントは辛口です。

> ・求職者の人柄がわかりにくい
> ・求職者がなにを考えているのかわかりにくい
> ・実際に対面したときにギャップを感じることが多い

　３つめのギャップについては、実際には思った以上に、バリバリと仕事をこなしそうなタイプであったなど、良いギャップを感じているところも少なくありません。

　第２章で解説したように、面接を受ける側にとっても企業側の人たちが遠くに感じるなどという評価がありました。

　ということは、話の内容よりも、本気で話し方・伝え方を工夫す

る必要があるということです。

　先に書類による選考がある場合は、通過した人は書類選考上は、企業が求める人物像に近いと判断されています。せっかく面接までこぎつけたのに、面接官の前で緊張しすぎて、せっかくの話の内容も途切れ途切れになってしまうなど、あなたの真意が伝わらないのは本当に残念なことです。

　では、Web面接ではなく対面の面接ならば、きちんと自分の想いを伝えられる？　はたしてそうでしょうか？

　あなたの話し方は、普段から熱量を感じさせるものでしょうか。そうでないなら、Web面接ではもっと熱量を感じてもらえない懸念があります。普段からもっと熱く語る工夫をしましょう。

　Web面接ではやりすぎかなと思うくらい、オーバーな表情と、声の力をもう少しプラスしてみてください。

　これからの時代は、「Web面接を制する人」＝「選ばれる人」になるかもしれません。

02 個性をどこまで強調するか ～個性よりも社会性を重視～

 企業の求める人物像はさまざま、面接官の好みもそれぞれです。誰からも好感をもたれたいならば、社会性を意識しましょう。

個性と社会性の違い

個性とは、もって生まれたあなた独自のものです。

顔や体つき、性格など、個性はよくも悪くも、親からそっくりそのままもらったものと言っても過言ではありません。

成長過程の中で自分とは違うタイプと出会って感化されたり、つらい経験をしながら、生まれもった個性が、丸くなったり尖ったり、自然に変化をしていきます。

ここで問題になるのは、話し方までを個性ととらえ、あきらめてしまうかどうかということです。

私のコミュニケーションの授業を選択する学生たちに受講の動機を書いてもらうと、「自分は幼稚な話し方だ」「声がこもっていて聞き取りにくい」「ぼそぼそ話している」「敬語がどうも苦手」だからこの授業を履修したなど、小さいころから気になっている話し方についての悩みを書いてきます。

私は話し方こそ、意識して成長させることができると考えています。人から好感をもたれる感じの良い "話力" で補っています。

表情を変えることで声のトーンが変わったり、抑揚がつけやすくなることを第2章で解説しました。そこに "社会性を感じさせる" 言葉づかいや敬語を上手に取り入れ、ビジネスシーンで通用する話

力を自分のものにするよう努力をしていきましょう。

一生忘れられないある学生の話

　この仕事を始めたばかりの頃、一面識もない大学教授から問い合わせをいただきました。「面接指導で定評のある坪田先生に、私の学生をなんとか救ってほしい」というものでした。教授曰く、その学生は、自分が紹介した先を含めすべての面接に落ちている。しかし親孝行で家族思いで頑張り屋とのこと。とりあえず模擬面接をすることになり、まず長所と短所を聞いたところ、彼は笑顔もなく、私にこう答えました。

「俺に短所はない。長所は、短所はないと言えるこの俺の自信だ」

　びっくりしました。なぜそんな話し方をするのかじっくり聞いてみたところ「これが俺の個性。就活だからといって偽るつもりはない」とのことでした。その気持ちには大賛成です。言葉を偽ってしまえば、彼が彼でなくなってしまうからです。
　私は一つだけ彼にアドバイスをしました。その後、彼はすぐに内定をとり、大学教授から喜びのお電話をいただいたことは一生忘れられない思い出です。彼からその面接でこう答えたとメールを貰いました。

「恐れながら申し上げます。私には短所はないと自負しております。長所は、短所がないと言い切れる自信です。どんなことでも歯を食いしばって頑張ります」

　見事にアドバイス通りの言葉を使ってくれました。これが個性ではなく、社会性を意識した話力だと私は考えています。

画面に映っている就活生が数名いる場合、面接官は 誰を見ていると思いますか？　話している人しか見 ていないだろう、と思ってはいけません。

ボンヤリしてなにを考えているの？

　第1章でも触れた、うなずきについて、ここではもう少し深く考 えていきます。

　私は集団面接の面接官をする場合、話している人以外の人もちら ちらチェックしています。どう見ても、ボンヤリしていて、ほかの ことを考えているように見える人が必ずいるからです。

　心ここにあらず、話し手の話を全く聞いていないと見える就活生 には、話し手が答え終わった直後に、

　「○○さん、今の方のご意見について、あなたはいかが思われます か？」と振ってみます。

　はっとして真顔に戻り、なんとか答えを見出そうとします。うま くごまかせる人もいますが、それができず「申し訳ありません。聞 いていませんでした」と正直に聞いていなかったことを謝る人もい ます。

　もったいないことだと思いませんか？

　あなたが取引先との会議に上司とともに同席する場合をイメージ すればわかることです。上司が話しているとき、隣に座っているあ なたは、上司の顔ではなく、対面に座っている取引先の方々を見て いるはずです。その中に上司の話を聞いていないように見える人が

いたら、あなたは心の中で"なんて失礼な社員なんだ"と憤慨するのではないでしょうか。

　対面式なら、話している相手の顔を見てうなずきます。Web面接でも同じです。ただし、画面を見てうなずいたら、面接官側からは面接官を見ているようには感じにくいので、カメラを見てうなずいてみましょう。

　では3名の就活生がいる集団面接の場合、どこを見てうなずけばよいのでしょうか。
　あなたが真ん中なら、右の人が話しているなら右を見て、左の人が話しているなら左を見ます。顔を斜め右、斜め左にして、目線はその向きのまま自然におろします。表情は微笑み程度、タイミングよくうなずきます。Web面接の場合には、画面上自分がどこにいるかを上手に把握して、カメラ目線で聞くのではなく、同じようにしてみてください。
　画面上から見えるあなたの姿はとても社会性のある好印象な人物に見えるはずですよ。

04 もっと表情豊かに話せば 説得力を増す自己PRになる

 表情豊かに話すことができる人は、多くの得をします。なにを話してもポーカーフェイスの人は、聞き手に飽きられてしまいます。

意識して役者のように話そう

意識というより、ここは度胸かもしれません。

笑ったり、真顔になったり、ときには困った表情をして、速やかにきりっとした力強い表情に戻すことは、それが大事とわかっていても、本来表情豊かに話すことが苦手な人にとっては恥ずかしく、苦痛以外の何物でもないはずです。

下記のセリフをあなたが話すとイメージしてみましょう。

「私の強みは積極的で前向きなところです。営業の仕事で必ず成果を出すことができると自負しています。実は数年前までの私はその正反対でした。自覚している性格も消極的で、嫌なこともNoと言えず、人間関係でつらい思いをしたことがあります。大学生になって、そんな自分を変えたいと、積極的にサークルやアルバイトに参加をして、失敗しつつも積極的、前向きに行動することを意識しました。少しずつ周囲の私を見る目が以前と変わったことに気がつきました。以前の私ではない！
と気づけたことが嬉しくて、さらに積極的に頑張る努力をし続けた結果、今では不思議と積極的な自分でいることが当たり前になりました。友人も人間関係も広がり、深まりました。」

このすべてを無表情で話をした場合と、「笑顔や真顔、ときには困った表情、最後はにっこり笑って話し終える」場合とではどちらが、説得力があるでしょうか。

　客観的に考えれば後者のはずです。

　Web面接では、就活生がなにを考えているのかわかりにくい、人柄がとらえにくいとよくいわれます。だからこそ"そこまでやる？"と感じるくらいのオーバーさがあっていいはずです。
　もちろん、あまりにもオーバーすぎて、逆に不自然になるようでは本末転倒ですのでくれぐれもお気をつけて。

本気で就職活動を頑張るということ

　どうしても表情豊かに話すことができない人にアドバイスします。「なり切りガール（girl）、なり切りボーイ（boy）」になればいいのです。たとえば、客室乗務員になったとしても最初から完璧に接客ができるはずもありません。医者になったとしても、最初は聴診器と白衣すら似合わないかもしれません。そういう姿を乗客や患者から見るといかがでしょうか？　不安だけを与えてしまい、とてもプロとはいえません。
　就職活動とは、公務員も教員も民間企業も「職を得る」ためのものに相違ありません。職を得るために割り切って、その仕事にふさわしい自分を演出することは、自分を偽ることにはならないはずです。むしろ頑張る意欲を示すことでもあります。これこそが本気で就職活動を頑張るという姿勢だと私は思います。

効果抜群の自己紹介とは

 就活生はあらかじめ自己紹介で話す内容を決めているはずです。でも、ほとんどの場合、自分が話したいだけの内容になっているようです。

就活は営業と似ている

トップセールスマンは、話し上手というより聞き上手です。

トップセールスマンはいきなり商品を売りつけることはせず、相手にたくさん話してもらい、それを上手に聞き、相手の希望を引き出しながら、いいタイミングで、上手に売りたい商品をアピールしていきます。

相手はいらない商品を売りつけられた気分には一切ならず、「私が欲しいものをよくご存じでしたね」いうような気分で、トップセールスマンの話を心を開いて聞いてくれ、商談が見事に成立します。

就活って営業に似ていると思いませんか？

なかなか内定が出ない学生は、相手のことをよく調べもせずに、自分がこれと決めたことを一方的にアピールしていきがちです。業界研究が足りない、企業研究が足りないといわれる理由がここにあります。

自己分析をきちんとすませて、自分のアピールポイントを全部整理したあとには、業界研究、企業研究をします。

業界・企業研究をするときには、相手が今現在力を入れていること、相手が興味をもってくれそうな話題が、あなた自身が整理したアピールポイントの中にあるかどうかを照らし合わせていきます。

　この作業を、受ける企業ごとに丁寧にしていくことで効果抜群の自己紹介ができるようになるはずです。

06 良い自己PRとダメな自己PR

良い自己PRとは、内容が濃く、わかりやすいものです。一方、いくら熱心に話しても伝わらないダメな自己PRにも共通点があります。

あなたの自己PRが伝わらない理由

「自己PRをどうぞ」と言われた時、あなたにとって最大のチャンス到来です。自分が一番PRしたいことを自由に話すことができるからです。

しかしながら、対面でもWeb面接でも、いくら熱心に話しても、面接官側に想いが全く伝わらないことがあります。そういう自己PRに共通しているのは、

①事実や経験の羅列のみ
②たくさんのことを盛り込みすぎ
③言葉と表情から説得力がない

などの点です。

①と②をまとめて解説します。時間を設定されなくても、たいてい1分は許容範囲です。その1分の中に、長所、サークルのこと、アルバイトのことなど、複数を入れ込んでしまう人がいます。全部自慢したいという気持ちはわかりますが、1分間にそこまで入れ込むと、経験したことの羅列=説明したのみで終わってしまいます。これでは相手に印象づけるためのインパクトに欠けると考えます。

私のおすすめは、「私の強み」もしくは「私のモットー」として話し始めることです。なぜならば、結論がなんであれ、結論の次にくる言葉に、わかりやすくあなたらしさをさらりと盛り込むことができるからです。

> 　「私の強み」は、どんなときもへこたれない前向きな姿勢です。なぜならば、失敗しても前向きな姿勢でチャレンジし続けることで、自ずと成功につながると考えているからです。

> 　「私のモットー」は、なにごとも最後まで頑張り続けることです。困難にぶつかるたびにあきらめてしまったら、自分の成長はないと常々考えているからです。社会人になっても、なにごとにも全力で取り組み、貴社の〇〇に貢献する所存です。

　この2つの共通点は、2文目のところに「信念（らしきもの）を入れていることです。

　最終面接で、「あなたの信念はなんですか」と聞かれることがあります。この手の質問は一次面接で比較的若い面接官から聞かれるというよりも、最終面接でしかるべき立場の人から聞かれることが多いようです。信念の中には、ゆるぎないあなた自身のこれまでの生き方やこれからを想像できる言葉が含まれているはずだからです。「モットー」とはその信念に基づくあなたの「行動指針」でもあります。

　Web面接では、上半身しか見えません。あなたの言葉と表情からゆるぎない自信と将来性が感じられたとき、最終面接の面接官はあなたをぜひ採用したいと思うはずです。

07 正しい言葉づかいを 最初から最後まで徹底する

コミュニケーション能力は高いはずなのに、フォーマルな場面では丁寧さに欠けてしまい、品格を感じさせない話し方の人がいます。

尊敬語と謙譲語をしっかり意識して使い分ける

　社会人でも、尊敬語と謙譲語の使い分けが少しおかしい人がいます。"今さらですが、その違い、あんまりよく理解していません"という人も少なくありません。この機会に正しく理解して、"品格を伴う話力"を自分のものにしてください。

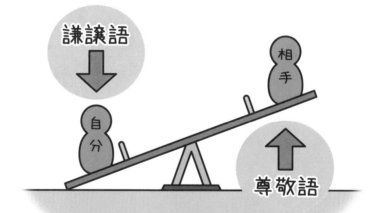

　このイラストを見てイメージしてほしいことは、面接では常に自分がシーソーの下の位置にいて、相手を上に置くということです。尊敬語は直接相手を上げて敬意を表し、謙譲語は自分を下げること

で間接的に相手を上げる方法です。社会人になって、先輩や上司、お客様に対しても同じスタンスです。敬語そのものが、相手を敬う＝高めることで敬意を表する表現方法だからです。

　さらに、この就活生はデキル！　と、とくに上層部に認めてもらうためには、尊敬語を３つに使い分けていきます。

　尊敬語の作り方は３つあります。「食べる」を例に見ていきましょう。

①～れる・～られる　　　例）食べられる
②お～になる　　　　　　例）お食べになる
③言葉を言い換える　　　例）召し上がる

実はこの３つ、敬意を表す度合いが違います。
①よりも②、②よりも③が相手をもっと高めています。

　敬語とは左ページのイラストで説明したように、相手を常に上に位置させる話し方ですから、相手の位置をもっと上げることによって、「お食事は食べられましたか？」よりも、「お食べになりましたか」のほうが自分を大事にしてもらったような気がします。さらに「召し上がりましたか？」ということで、相手をもっと良い気持ちにさせることができます。
　ぜひ敬語を自由自在に使えるようになりましょう。自信がつき、そして相手からいち早く認められること間違いなしです！

08 論理的な話し方①
箇条書き法

 あの人の話はいつもわかりやすいと言われる人は、構成をちゃんと考えています。ここから①箇条書き法②時系列法③PREP法についてご紹介します。

話したいことが2つ以上あるなら、箇条書き法

> 私の強みは2つあります。1つは体力に自信があること。2つ目は根性なら誰にも負けないことです。

これが自己PRの結論だとしたら、次は、それぞれを説明していく流れをつくり、そのために効果的な接続詞を入れます（下線の部分）。伝えたいことがわかりやすくなったはずです。

> **まず**、体力についてお話します。それは、小学校から続けている柔道で、〜省略〜
次に、根性についてお話します。柔道で何度もやめたいと思ったことがありましたが、〜省略〜

ただし、箇条書き法を使う場合には、多くても項目は3つまでにします。4つ以上になると聞き手にとってわかりにくいからです。さらには1分で話す場合に収まり切らなくなります。

もう一つ注意すべきことがあります。順番の工夫です。
　大事なことを先に言うのか、聞き手がイメージしやすいことを先に言うのかということです。このあたりは、相手の立場に立って考

えてみるとよいでしょう。

　せっかく冒頭で、「私の強みは2つあります。1つは○○こと。2つ目は△△こと」とメリハリをつけて答えたにも関わらず、そのあとをわかりにくくしてしまうケースが多々あります。左ページの2つ目の枠のように分けて説明せずに、結論のところで先走って説明してしまうパターンです。

「私の強みは2つあります。1つは体力に自信があること。これは中学校時代から続けているバスケットボールで培いました。～その説明～」

　こんな風に話すと、1つ目だけでかなり長くなってしまいます。さらに、慣れていない人は、読点「、」だけでずるずると1文を長く話してしまいがちです。こんな話し方をされると、面接官は2つ目をじっくり聞く気持ちの余裕をなくしてしまいがちです。

　箇条書き法は、グループディスカッションの発表時にも限りなく有効な構成法です。結論部分でいうべき内容と、それを説明する部分に入れる内容を吟味して、簡潔にわかりやすく話すことができるよう準備しておきましょう。

Point
箇条書き法
◆ 話したいことが複数ある場合に活用する（3項目まで）
◆ その複数の並べ方を工夫すること
◆ 複数をつないで話すときには、効果的な接続詞を入れること

09

論理的な話し方②
時系列法

時系列法は、上司に現状などを報告する際に使われる話法です。面接では、じっくりと自分の話をする場合におすすめです。

「過去→現在→未来」の順で話す

面接では、挫折した経験や困難を乗り越えた経験を聞かれることがよくあります。答える側にとっては、頑張った経験を聞いてほしいのに、企業は敢えてその反対を聞こうとします。その真意は、挫折をどのように乗り越えたのかを知ることで、その人の忍耐力などを見出そうとしているからです。

集団面接のように時間が限られている場合に時系列法を使うと、少し長くなる難点がありますが、個人面接で面接官側がじっくり聞いてくれそうな場面では時系列法がふさわしいことがあります。

時系列法では、過去→現在→未来の順番にそって話を構成します。自分の挫折や困難を乗り越えた経験は過去に体験したことです。そこから話し始め、現在ではどのように克服したか、改善できたかを語ります。ここまでが「過去→現在」に当たる部分です。

次に、この経験をこれから先、その企業でどのように活かしていきたいかを話します。これが「未来」の部分です。

かなりストーリー仕立ての内容になりますが、腹を割って面接官と向き合えるようなときには効果的です。

つい先日、女子学生が「先生、絶対に無理と思っていたあの会社

の最終面接まで行ってきました」と教えてくれました。「よかった
わね。結果はどうだったの？」と聞いたら「終了。余計なことまで
話したことが原因だと思います」と、会話を再現してくれました。
話が弾みすぎて「将来は独立して花屋になりたいんです」と口が
滑った瞬間に、それまで優しかった面接官の目が急に冷えたとのこ
とでした……。

　未来をどこまで正直に話すか！　くれぐれもお気をつけて。

　さて、話を戻しましょう。苦労話や挫折経験を本当に理解してく
れるのは、経営者層などの年齢の高い人たちかもしれません。管理
職や社長たちは、テレビドラマの半沢直樹のような経験とまではい
かなくても、大なり小なりのご苦労をされて現在の地位についてい
る方々が多いはずだからですです。

　あなたの辛い過去の体験を、誠実に、表情豊かに話すことができ
たとき、「今でもこんな若者がいるんだ。この人をぜひ自分の部下
にしたい、しっかり一人前に育ててみたい」と思ってもらうことが
できるはずです。

Point
時系列法
◆ 自分のことをじっくり話す場面に活用すると有効
◆ 過去→現在→未来の順で話す。未来までを言葉にすることで、
　その経験を活かし、将来は○○したいと、本気度をアピール
　することができる
◆ 表現に気をつけ、長くなりすぎないこと
◆ 表情豊かに話すこと

PREP法が得意になれば、話が長いと言われる人も、どこで切ればよいか自分でわかるようになり、大きなメリットがあります。

グループディスカッションでも個人面接でも使える

> **P**oint（結論）
> **R**eason（理由）
> **E**xample（具体例）
> **P**oint（結論）

この頭文字をとったものが、PREP法です。

箇条書き法と同じように効果的な接続詞を取り入れることにより、なにを話そうとしているのかを、聞き手にわかりやすく伝えることができます。聞き手が安心してあなたの話を聞くことができるというメリットもあります。

同時に、話し手自身も、自分が今なにを話しているのかがわからなくなるという弊害をなくすことにもつながります。

敢えて、わかりやすい例で作ってみます。

> **面接官**：好きな果物はなんですか？
> **就活生**：「**P**：はい、好きな果物はリンゴです。**R**：**なぜならば**、美味しいだけでなく、健康に良い果物だと考えているからです。

> E：**実は**、幼いころの私はどちらかといえば体が弱く、冬はすぐに風邪をひいて学校を休むことがしばしばありました。いつからか毎日のようにリンゴを食べさせられました。飽きることもありましたが、リンゴを食べると医者いらずという外国のことわざを知りました。意識して食べるようになった結果、あれほど学校を休んでいた私が、中学、高校では皆勤賞をとるまでになりました。リンゴに感謝です。今では健康には誰にも負けない自信があります。P：**したがって**、私の好きな果物はリンゴです。 プラスα ：この健康な体力を活かして、貴社の営業成績No.1を目指し頑張る所存です」

　下線を引いたところが、効果的な接続詞ですがいかがでしょうか。
Eの「実は」は、自分の話のときに使い、一般論で説明したいときには「たとえば」に切り替えてください。
　また、最後に「プラスα」を加えることで、さらにアピール力が高まりますよ。

Point

PREP法

◆自己PRやグループディスカッションのまとめなど、重要な場面に活用する

◆接続詞を必ず入れる

◆全体を1分程度で話せるように時間配分を意識する

◆最後にプラスαを付け足せば、アピール力が増す

11　圧迫? と思えるような質問には Yes-But法

 面接では敢えて圧迫することで、あなたの課題解決能力やコミュニケーション能力を試している場合があります。

すぐに反論せず、まずは相手の言うことを受け入れる

　面接では、冒頭であなたの緊張をほぐすために、面接とは全く関係ない会話をすることがあります。たとえば、

面接官：今日は寒いですね、急に冷えてきました。
就活生：いいえ、そうは思いません。ちっとも寒くありません。
面接官：……。

　面接官の気持ちを想像することは簡単です。せっかく雑談のつもりで話しかけたのに、これではこの後の本論が心配です。面接官はこの時点であなたに対する評価を間違いなく下げたはずだからです。ではこれはいかがでしょうか。

面接官：今日は寒いですね、急に冷えてきました。
就活生：はい（Yes）、本当に寒いですね。でも（But）一昨日がもっと寒かったように思います。
面接官：そういわれれば、確かに一昨日のほうがもっと寒かったですね。

　言い回しは違っても、就活生の真意は「今日は寒いとは思わない」という点で前者と一致しています。

しかし、相手の言うことをいきなり否定するのではなく、「Yes」と受け入れた上で「But」と答えることで、上手に相手と会話を弾ませることができます。この話し方は子供にはできません。あなたの大人力を見せつけるチャンスです。

　本論では、面接官が敢えてしつこくあなたを困らせるような質問をすることがあります。

面接官：あなたは話すことよりも聞くことのほうが大事とおっしゃ
**　　　　るけれど、営業マンなら話すことが大事だと思うよ。**
就活生：いいえ、聞くことができなければ相手の気持ちに沿った内
**　　　　容を話すことができないはずです。だからそれは違います。**
面接官：君ねえ……。

　この面接官はこの先、さらに厳しく突っ込んでくるかもしれません。この場合にも、Yes-But法を使ってこう切り返してみましょうか。

面接官：あなたは話すことよりも聞くことのほうが大事とおっしゃ
**　　　　るけれど、営業マンなら話すことが大事だと思うよ。**
就活生：はい。おっしゃるように営業マンには話す力が大事だと私
**　　　　も思います。しかし聞くことができなければ〜〜。**
面接官：どちらも大事だということだね。

　グループディスカッションでも有効な話し方です。ほかの就活生が話すことにいちいちムキになることは見苦しいですからね。

12 志望動機をなんと心得る!?

あなたが答えている志望動機は、あなたの勝手な、一方的な事情になっていませんか？ それでは面接官を納得させるのは難しいかもしれません。

志望動機は本音と建て前をうまく分ける

大学生には、キャリアセンターや就職課という強い味方がついています。就活生にとって心強い"助っ人"ですから、大いに利用しましょう。利用する際には、自分が不安に思っていることを質問し解決するだけではなく、模擬面接を数回お願いすることをおすすめします。模擬面接をすることで、あなたの答える言葉の中に、残念な「言葉」が含まれていることに気づくはずだからです。

以下は、公務員になりたい学生に模擬面接をしたときの再現です。

> **私（面接官）**：なぜ公務員を志望なさるのですか？
>
> **学生**：営業のように、利益だけを追求する仕事をしたくないからです。
>
> **私（面接官）**：それはどういう意味ですか？
>
> **学生**：営業成績をあげるためにはノルマがあります。ノルマを達成するためには相当な苦労と嫌な思いばかりをすることになると考えています。私はそういうことはしたくはありません。公務員の仕事に営業はありませんし、景気に左右されず安定して仕事を全うすることができます。ですから公務員を志望します。
>
> **私（面接官）**：……。

同じく社会人枠を希望する２度の転職経験のある女性を指導した時の再現です。

> **私（面接官）**：現在のあなたは役職もついているし、かなり会社から期待されているようですが、なぜ公務員に転職なさるのですか？　志望動機を述べてください。
>
> **女性**：正直に言って疲れたからです。最初の職場は第一志望先ではありませんでした。それなりに頑張りましたが、待遇も悪く転職しました。２度目の転職先はまだ待遇は良かったのですが、リーダーにさせられ、大変な仕事を一気に押し付けられるようなりました。また転職を考えたときに、大学時代の友人が、経験者枠の公務員試験に応募して採用されたということを聞きました。これだ！と思って、今回志望しました。
>
> **私（面接官）**：……。

　皆さんが私（面接官）であれば、この２名を採用したいと思いますか？　おそらく否と思うはずです。この２人の回答は、公務員を志望する正真正銘の動機ではあっても、ただ個人的な事情を当てはめているだけで、公務員としての仕事を担う責任感や使命感のかけらも感じることができません。２人が答えたのは、"転職先を民間ではなく公務員を選ぶ理由、本音の動機"でしかありません。

　このような事情であっても、公務員になったらなにをしたいかを真剣に考え、その点から志望動機を組み立てるようにしましょう。
　うっかり、本音を吐露しないように気をつけて！

13 企業理念やミッションは就活生にとって宝の山

どの企業も同じことしか書いてないように思える企業理念。いくつかの企業を比較することで見えてくるものがあります。

企業理念は数社を見比べること

誰にとっても身近な携帯電話会社の大手といえば、NTTドコモ、KDDI、ソフトバンクです。この3社の企業理念は非常に明確で、その違いがわかりやすいため、私はキャリアの授業で以下のことを学生たちに紹介しています。

<NTTドコモ>

私たちは「新しいコミュニケーション文化の世界の創造」に向けて、個人の能力を最大限に生かし、お客様に心から満足していただける、よりパーソナルなコミュニケーションの確立を目指します。

<KDDI>

KDDIグループは、全従業員の物心両面の幸福を追求すると同時に、お客さまの期待を超える感動をお届けすることにより、豊かなコミュニケーション社会の発展に貢献します。

<ソフトバンク>

経営理念:「情報革命で人々を幸せに」
ビジョン:「世界の人々から最も必要とされる企業グループ」
バリュー:「努力って、楽しい。」

いかがでしょうか。これでも企業理念なんてどこも同じ！　と思いますか？

　学生たちに、これらを紹介した上で、「あなたなら、この３社の中でどの会社に入りたいですか？」と問うと、さまざまな答えが返ってきます。全員が一つの会社を示したことなど一度もありません。

　それは、この３社の企業理念に、学生たちがもつ価値観や自分が組織の中でどう生きていきたいかなどを重ね合わせることで、働き方や自分の未来をイメージすることができるからです。

　企業理念は、一社だけ見たら、確かにどこも同じように感じるかもしれません。一社だけを見るのではなく、同じ業界のライバル会社と見比べてみてください。企業理念だけではわからなくても、社長の言葉や人事部長からのメッセージ、先輩からの言葉などから、あなたが働くイメージやその会社の考え方や姿勢がなにかしら見えてくるはずです。

　企業のホームページなどで確認できる企業理念やミッションは就活生にとって「宝の山」です。この宝の山を掘って掘って掘りまくって、しっかりとあなただけの「財宝」を見つけてくださいね。

エントリーシートや面接では、さまざまな角度からの質問があります。エピソードを話す際、うっかりマイナスになるエピソードになっているケースも。

それって、あなたのイメージを下げるエピソードでは?

ある転職希望の方に面接指導をしたときの話です。

その男性の自己PRは、「周囲からは面倒見がよくて優しいと言われる」、「リーダーであるため、適宜飲み会などを主催して、メンバーが気持ちよく仕事ができるよう融和を図っているので慕われている」というものでした。

どうして面倒見がよくて優しいと言われるのかを尋ねました。

「残業が多く、きつい仕事であるため、新人は数日経つと不平を口に出すようになります。そんなとき、早く帰っていいぞ、と自分が代わりに全員の残業を引き受けています」

私はちょっとびっくりして、
「リーダーとして、飲み会で融和を図っているということですが、どんな話をしているのですか?」と聞いてみところ、
「はい。お酒を飲みながら、全員の愚痴を聞きます。そして美味しいご飯を全部自分がおごっています」
とのエピソードでした……。

さて、あなたなら、この男性のリーダーシップのあり方をどのように判断なさいますか？

　もう１つの例です。
　教師を目指す学生たちの中には、３年次の教育実習を境に、意識が少し変わる人がいます。約３週間の実体験で完全に自信を失ったことが主な原因です。
　志望を民間企業へ切り替える学生たちの一番の悩みが「学生時代に頑張ったことはなんですか」に対するエピソードです。入学時からずっと教師になるためのボランティアやインターンシップ、アルバイトしかしていませんから、エピソードのほとんどが、対児童の話や教師になるためのものばかりだからです。「エピソードがいつも同じで……。これは教師にならないと通用しない話ですよね」と相談しにくるほどです。
　それでいいと私は考えています。それこそが当人にとっての“学チカ”そのものだからです。ただ、そのエピソードの先にある話の結びで、「それをきっかけとして、貴社の仕事に目をむけるようになった」と入れればいいのです。ごまかすために他人のエピソードをそっくり真似るようなことだけは避けましょう。面接官は鋭い視点でさまざまな角度から質問してきますので、一貫性を失う結果になってしまいますよ。

　面接官がなぜエピソードを必ず聞いてくるかといえば、結論だけではわかりえないことが見いだせるからです。

　あなたのエピソード、本当にそれでいいですか？
　墓穴を掘らないように、客観的に考え、ときには最初から全部見直しましょう。

15 「なにかあれば質問してください」こそ、最大の自己PRチャンス

面接とは本来、面接官側が就活生に対してさまざまな質問をするものですが、企業によっては、全部「逆質問」だったという事例もあるようです。その真意はいかに？？

逆質問こそ、その就活生のコミュニケーションスキルが見える

　今や、就活生たちは大変です。面接では、聞かれたことに的確かつわかりやすく回答できればよい「アンサースキル」だけでは足りず、企業に対してさまざまな質問を投げかけるという「インタビュースキル」までが求められる時代になったからです。

　最近は「面接でなにを聞けばいいですか？」とノートとペンを片手に聞きにくる学生たちが増えていて、私の提案を全部メモする学生たちを前に、苦笑いすることが多くなりました。もっと自分で考えてほしいところですが、あなたなら、なにを質問すればいいと思いますか？

　定番はいくつかあります。その企業が力を入れていることや、今後の抱負などです。若手の社員に対しては、「この仕事をしていて、やりがいはどんな時に感じるか教えてください」などもあると思います。
　もちろん、聞いてはいけない質問もあって、給料・昇給のことや、離職率のような点については、本来一番聞きたいところではありますが、じっとガマンです。

他の人と被らない逆質問をするためには、10個考えても足りないと思います。50個？　それとも100個くらい用意しますか？

　そこまでしなくても、コミュニケーション能力が高いとみてもらえる方法があります。用意する質問は３つもあれば充分で、それよりも、相手が今、答えてくれた言葉の中に、質問できることを見出していく方法です。

　テレビの対談番組などの司会者は、最初の質問は自ら投げかけますが、その答えに対して、「えっ、それはどういうことですか？」などと言いながら、話し手からもっと話を引き出そうとしています。上手に相槌をうちながら聞いてくれるため、話し手も嬉しそうに、つい余計なことまで話しているのが面白いですね。
　有能な司会者やインタビュアーなら、相手に質問して答えてもらった直後に、フォローもせず、次々に新しい質問をすることなどないはずです。

　面接官も同じ。ノートにたくさん質問を書いてきて、１つに答えたらすぐに違う質問をしてくるような幼稚な就活生にはうんざりしています。そんな就活生は採用されません。いつまでたっても一緒にいて楽しい会話にならないからです。

　たった１つの質問とそれに対する答えの中から、心で感じたことを失礼にならない言い回しや言葉づかいで上手に聞いてみませんか。これをきっかけにして話がうんと弾むはずです。これこそが最大の自己PR、"大人力全開"のアピールにつながります。

最終面接・役員面接で
求められるのは"大人力"

ようやくたどり着いた最終面接。テレビなどでしか見たことがない有名な役員たちが登場する場面もあるでしょう。緊張する気持ちはわかりますが、ここでは勇気をふりしぼり"大人力"を見せつけましょう。

役員たちが求める大人力とは

"大人力"ってなんでしょうか。

私は、洗練された立ち居振る舞いや丁寧な言葉づかい、落ちついて相手の目を見て、すべての質問に正対して答えることだと考えます。

頭ではすべて理解していても、ただでさえ緊張する場面ですから、最終面接での失敗談はたくさんあります。

しかし、ここまできたら腹をくくりませんか？　Web面接ならなおさらです。

画面の向こう側にいる役員たちに「この人ならOKだ」と思ってもらえるためにも、第1章で解説したすべてのことを本気でできるようになってください。

社会に出れば、人間関係の幅は、否が応にも広がります。立場も年齢もさまざまですから、学生までのようにため口やラフな態度では、認められるはずもありません。今まで苦手であった敬語をフルに使い、背筋を伸ばし、相手の目をまっすぐに見て穏やかな表情で話すことで、ようやく一人前として認めてもらうことができます。

Web面接を攻略するための練習のすべてが、実際に社会に出て役立つことにつながります。

　開始前には何度も深呼吸して待機画面に入りませんか？　有名な社長や役員を見ても物おじしない姿こそ、即戦力＝大人力です。

　また、出される質問に対しても、慌てないでゆったりした気持ちで応えることをおすすめします。ただでさえ聞きづらいWeb面接での会話です。相手が年齢の高い役員の場合には、慌てて答えず、話し始めのタイミングに気をつけたり、会話の間をうまくとるようにしてください。

　一次面接から最終面接までのあなたの対応は、人事担当者を通して、すべて社長、役員に伝わっています。よくも悪くもすべてを知られた上で、最終面接は始まるのです。今さらじたばたしても意味がありません。
　あなたは最終面接まで進むことができたのです。自信をもって、しかし決しておごらず、高ぶらず、謙虚に誠実に最終面接に挑めばよいだけです。

　最終面接に登場した社長たちは、自分が信頼する部下たちが「採用するにふさわしい」と認めたあなたのことを、一目見て、心で感じて確信し、太鼓判を押したいだけなんです。

　あなたの"大人力"こそが、太鼓判を押してもらえる鍵ではないかと私はいつも考えています。

17 一言一句に自分の"想い"を 乗せるように

 話す言葉は、暗記して徹底的に準備すればなんとかなるはずです。でも言葉が完璧でもあなたの想いが伝わらなければ、決め手にはつながりません。

「思い」と「想い」は似ているけれど

　「思い」とは、ある物事について考えをもつことです。ここには論理的に考えたことが含まれます。

　「想い」とは、論理的に考えたというより、感情的に考えた、イメージしていることが含まれているのではないでしょうか。

　結論はどちらも同じようなものですから、どちらの漢字を使っても正解ですが、私自身は面接のとくに大事な場面では、あなたの「思い」ではなく、あなたの心の中に感情として浮かんだ「想い」を伝えることが、余韻として面接官の心に残るのではないかと考えています。

　対面でもWeb面接でも、面接官に聞こえるのはあなたの声だけです。しかし、「私はこう思います」と「私はこう想います」の音は同じでも、微妙な違いを相手に伝えることは可能だと考えています。意識をして可能にすることが、厳選採用下でもあなたを採用したいという決め手につながるはずです。

　どうすればいいかって？　それはあなたの声と表情がすべてです。第1章から解説してきたさまざまな練習方法は、見方によっては

取るに足りない、どうでもいいことに感じる方もいらっしゃるかもしれません。でも試して、ご自分で客観的にその違いを見比べた結果、なにか感じる違いはありませんでしたか？

　Web面接こそ、ルックスが良い悪いなどの目に見えることがすべてではなく、あなたの発したあの言葉、あの時の表情、あの時の声音が、あとからなぜか思い出されます。

　人間って本当に不思議です。論理的に話せ！　と言いながらも、結局は感情で判断することが少なくないからです。

　公務員試験、教員採用試験、民間試験でも、面接官の気持ちは同じではないかと考えています。
　「優秀な人を採用したい」ということより、「この人を自分の部下にしたいかどうか」が、面接官が悩める時の最後の決め手ではないかと思います。

　採用したいと思える就活生のことは、面接官がひと晩寝た翌朝にも深く心の中に印象として残っているものです。
　あなたも面接官も、感情のある人間だからこそ、ここぞというときにあなたの"想い"を、しっかりと、あなた自身が意識して言葉にしてみてください。

　"なにを言うかよりも、どう見えるか、どう聞こえるか"
　これが面接の極意です。

言葉よりも大事なことを示した彼

　リーマンショックの頃に出会った、ある男子学生のことをしばしば思い出します。彼は成績優秀でしたが、当時の厳選採用下の中でなかなか面接が通過できないと悩んでいました。彼は、ぼそぼそした小さい声、自信のなさそうな目と表情、さらには猫背ぎみでもありました。第一印象はお世辞にも良いとはいえず、私の就活自己PR特訓講座を受講してくれた一人でした。

　当時、ユニークな面接をしている企業がありました。4つのお題を出し、好きなものを選んでもらい答えさせるというもの。私は彼を含む学生たちに、その企業の面接同様に、4つのお題を出しました。彼が選んだお題は「歌を歌う」。ちゃんと頑張ることができるかとても心配でしたが、彼は大学の校歌を教室が割れんばかりの大きさで歌いました。体を大きく動かし、まるで自分自身にエールを贈るかのように。私もほかの受講生も一度も見たことのない彼の必死の姿で、ひたすら感動したことを今でもはっきりと覚えています。

　その日を境に彼は怒涛のごとく、面接のすべてを突破し、誰もがうらやむ一流企業から内定を取りました。声・表情のすべてから、彼の熱意、想い、必死さが面接官に伝わったからに違いありません。

第**5**章

Web面接
お悩み相談

01 Web面接は 空気が読みにくくて……

Answer

　そう感じているのはあなただけではありません。就活生だけでなく、実は面接官側も同じように感じています。

　ここは気分で考えないで、理屈で考えるとすっきり解決できるかもしれません。空気が読みにくい理由の一つに、発言するタイミングや会話の間を取りづらいことが挙げられます。仕方がないことですよね。対面とは違い、どうしても微妙なディレイ（遅延）が生じたり、通信機器のなんらかの影響で、聞こえるはずの声が聞き取りにくかったり、画面が一瞬フリーズすることもあるからです。

　機械のせいだ、ネット環境のせいだと、ここは割り切ってしまいましょう。

　空気が読めなくて悩むのは対面でも同じです。それでもなんとか気持ちを奮い立たせて面接を最後まで頑張っていくしかありません。対面ではないからこそ、あなたは敵（企業という慣れない場所を敢えてこう表現します）の陣地ではなく、あなたにとって一番、居心地の良い自宅にいるのです。好きな香りやパソコンの側に落ち着くぬいぐるみなどを置いて、気持ちを解きほぐすことから始めましょう。

　あっ、ぬいぐるみが画面に映らないようくれぐれもご注意くださいね（笑）

02 対面よりもコミュニケーションが とりにくいんです

 Answer

　おっしゃるとおりですね。だって、あなたの前に体温を感じさせる相手がいないのですから。カメラ目線で話せと言われても、カメラは笑ってくれないし、うなずいてもくれない。話しやすいはずがありません。

　でも考え方によっては極めてラッキーです。パソコンやスマートフォンの画面上にある小さなカメラを見つめて話せばいいだけだからです。対面の場合には、どんなに苦手なタイプの面接官であっても、目をそらして答えるわけにはいきません。

　カメラがあなたの味方だと思いましょう。だって、あなたの大事なパソコンやスマートフォンの一部ですから。パソコンなら、カメラの左右に好きなタレントや愛犬の写真を小さくして貼ってみませんか？　気持ちが少しは楽になるかもしれません。

　それから緊張するときには、常にカメラを見るのではなく、敢えて画面を見て話すことをおすすめします。目力はなくなりますが、おそらく画面の向こうの面接官は優しい笑顔でうなずいてくれているはずだからです。
　気持ちがすっと楽になりますよ。

03 どうしてもカメラを見るのが苦手です

 Answer

　対面でも同じことがいえます。

　私も教壇に立った当初は、教室全体や人の顔を見て話すことが怖いと思ったときがあります。私は視力だけは良いからです。この歳になった今でも左右1.5。当時は2.0だったかもしれません。最前列から最後尾まで、人の表情がはっきりと見えるため、話しながらいちいち不安になっていました。

　あれ、あの学生、あっち見てる
　あれ、あの学生、急に席を立って教室を出ていっちゃった
　えーっ、あそこの男子学生たち、急に話し始めちゃった

　などなどがはっきりと見えて、私の話がまずいのではないかとか、つまらないのではないかと気にするあまり、話し終えたときには楽しさや達成感など全く感じることができませんでした。始終、相手が私の話をどう聞いているかばかりが気になっていたからです。

　Web面接は、画面を通してしか相手が見えません。カメラに映っている範囲の人間しか見えないということです。誰もがカメラ映りとか第一印象を相当意識していますから、鬼のような形相では映っていないはずです。

　これって、考え方によってはラッキーではありませんか？　カメラを上手にあなたの味方につけて乗り切ってください。

04 面接官やほかの就活生の表情、雰囲気が気になります

 Answer

　そのように感じるあなたはコミュニケーションスキルが高い人だと思います。気になるからこそ、決して独りよがりの話にならないはずですから。

　対面の面接や普段の会議でも、コミュニケーションスキルが高い人は、必ず相手の表情や反応を見て話を進めていきます。会話や面談は一方通行ではなく、双方向のものだからです。そのため、自分では楽しく話していても、ふと、聞き手がつまらなそうにしていたら、それとなく自然に話を変えていくものです。これらは、相手の表情や雰囲気を見ているからこそ、なせる技なのです。

　Web面接上であっても、雰囲気がおかしいなと思った場合には、自分が面接官の質問に対して答えにならないことを言ったのではないだろうか、などと瞬時に判断するようにしましょう。

　でも、たいていの場合は、気のせいだったりします。私もWeb面接やオンラインの授業をしながら、ふくらはぎがかゆくなったりすることがあります。顔をしかめながら、机の下で足をぼりぼり掻いている私の姿勢や表情、もしかしたら話し手から気にされているかもしれませんね。
　以後、気をつけます（苦笑）。

05 面接と面談って なにが違うのでしょうか

 Answer

　おっしゃる気持ち、よくわかります。私の周りの学生からは、
「『面接ではなく面談ですから気楽にお越しください』と言われて
行ったのに、どう考えてもあれは、がっつり面接でした」という話
をよく聞きます。

　おそらく選考過程の中では、面談といわれたとしても、面接だと
思って行ったほうが無難だと思います。

　厳密にいえば、現在の経団連の就活ルールでは、６月１日からし
か面接という選考を始めることができないはずです。しかし実態は、
年内から会社説明会→早期選考というパターンが多く、とても６月
１日まで待つことは不可能です。ですから、６月１日までは面接の
つもりでも、企業は面接という言葉を使うことができず、面談とい
う名目で学生に招集をかけるのだと思います。

　ここは相手を信じる信じないの感情論ではなく、ひとたび就活が
始まれば、面談＝面接、リクルーターと会うだけ＝面接の前段階、
先輩訪問＝面接官にすべて報告されるはず、などと割り切って考え
ておきましょう。そうすることで、どんな場面でも動じない覚悟と
効果的な対策ができるというものです。

06 実家で親に聞かれているかもと思うとやりづらくて……

 Answer

　聞かれているかも、ではなく、本当に聞いているかもしれません。壁に耳あり、障子に目ありという言葉があるように、これこそチャンスとばかり、かわいい我が子はどんなふうに面接で話しているんだろう、と気にしているはずだからです。

　もちろん話しづらいお気持ちはよくわかります。でも親としてはとっても嬉しいんです。「あ、うちの子があんなに笑って話している」「はきはき答えている」と知るだけで、側に駆け寄って頭をなでてあげたいと思うほどです。
　こう考えれば、家で親が聞いているかもしれない環境で、自分の未来を決める面接を受けていることは、人生のうちでも他に類を見ない親孝行の一場面といえるかもしれません（ちょっとオーバーかしら！？）。

　いいじゃないですか。薄くドアを開けて、ブレーメンの音楽隊みたいに、下から上まで、家族全員の目が縦に並んで見えたとしても。家族が味方についている！　とむしろ大きな気持ちで頑張ってみましょう。あなたの声を朗々と大事な家族に聞かせてあげましょう。

　でも本当にそれがどうしても嫌なことなら、きちんとあなたの気持ちを家族に話すことも大切です。そのせいで本当に面接がうまくいかないなら、あなたにとってのみならず、家族にとっても一番つらいことのはずですから。

第**5**章　Web面接お悩み相談

Answer

　お気持ちはわかりますが、気にしても仕方がないことです。

　オンライン面接ができるからこそ、このコロナ禍でもなんとか選考に乗ることができるのですから。

　本来の自分らしさが面接官にちゃんと伝わるかどうかは、対面でも同じ悩みです。ちゃんと伝わらなくても、その年に〇名を採用すると決めた企業は、あなたたちを最終的に判断し採用を決定します。その結果、良くないギャップがあったとしても、それは企業側の選択が間違っていたということであり、それは逆も然りです。

　だからこそ、対面でもWebでも少しでも齟齬がないように、互いにベストを尽くし、自分の偽らない気持ちを伝えあうことが本来の一番正しい在り方だと思います。

　でもそんなこと実際にできるでしょうか？　誰にとっても大なり小なり、自分にとって都合の悪いことは他人には話さないという性分をもちあわせているからです。

　あなた自身が誤解されないように誠実に話をすることをおすすめします。そしてどんなに甘い言葉をかけられても、それが真実であるかどうかをちゃんと見極める目を養うことです。あなたの不安は就活時だけの問題ではなく、長い人生の中では、これからもしばしば感じることだと思います。自分を信じてベストを尽くすのみです。

08 パソコンの画面越しに全てが決まるなんて、モチベーションが上がりません

Answer

逆に考えてみましょう。

新卒を採用するということは、企業にとっては高い買い物になることがあります。失礼ながら、就活生を敢えて「もの」に例えた表現です。なぜだかわかりますか？ 正社員として正式に雇うということは、その人の一生を預かることと同じだからです。ボーナスや退職金を含めた生涯賃金を考えたら、数億という総額になることは申し上げるまでもありません。あなたを採用したいという企業は、あなたが本当に貢献してくれるかどうかなんの保証もないのに、あなたを信じ、あなたに賭けて採用してくれるのです。

このことを就活生はもっと自覚すべきだと思います。

社会性のある人物として認めてもらえたのは、ひとえにあなたの努力の賜物です。あなたが偽りの人物で、ウソで塗り固めた面接をして採用されたなら、それは騙された企業の目が節穴だったと思えばいいだけです。

しかし、あなたはそんな人ではないはずです。自分の人生をかけた大事な場面を、Web面接という舞台で乗り切ったのです。モチベーションを下げるどころかそんな自分をほめてください。最後まであきらめないで頑張り続ける自分自身を、もっと大事にして、ほめてあげてください。

おわりに

　Web面接を体験し乗り越えたあなたなら、きっとコロナ後の未来も大丈夫！　本書で身につけたビジネス・コミュニケーションスキルは一生モノです。

　ここまで言いたい放題、好き放題に、私がもちうる知識と、これまでに見聞きした見識をふんだんに盛り込み、Web面接に対する苦手意識をもつ方々に、少しでも安心していただきたい一心で書き進めてきました。いかがでしたでしょうか。少なからず気づきや弱点克服ができたなら心から嬉しく思います。

　Web面接のメリットは、コロナ対策になったことが一番であったはずです。平時であれば、場所や時間の制約がなく、遠方に住んでいる就活生と容易にやり取りができること、選考全体のスケジュールが簡素化されることなどが挙げられます。就活生にとっても、高い交通費をかけることなく、慣れない場所で長く待たされることもなく、終わってみれば結構、楽だったと感じている人も少なくないのではないかと拝察します。

　しかしながら、慣れない人にとっては、画面に向かって話すことの違和感や苦痛、さらにはお互いの人柄や考え方がつかみにくいというもどかしさが大いなるデメリットでもあります。

　"デメリットのほうが多すぎるよ"と、この本を読み終わった今でも思う方は、この際、思い切って見方を変えてみてはいかがでしょうか。

過去にすがるのではなく、
今を生きていかなければならない

　不平不満を口にすることはどちらかといえば簡単で、精神的に本当に苦しいときには必要なことです。でも、今、この現状で本気で職を求める人々にとっては、学生であろうと社会人であろうと、Web面接に慣れていくしかありません。

　表情豊かに話すこと、画面を通して相手に自分の想いが伝わるように話すことが、Web面接でこそ求められると、終始一貫して書いてきました。性格や個性によっては限りなく難しいことですが、これはどんなシーンでも求められるコミュニケーションの本質ではないでしょうか。

私たちは意識しようとしまいと、
自分自身のことをどんなときも受け入れてほしいと
本当は願っているはずだからです。

　話力についても触れてきました。話力は生まれたときからもち合わせた個性ではなく、あなたの成長度、大人度が最も試されるものだと思います。敬語の使い分け、相手を傷つけない言葉選び、圧迫をうまくかわす話し方や表現方法などは、私たちが今日よりも明日、もっと幸せに生きていきたいと願うのであれば、日々の生活の中でさらに真剣に自己研鑽していきたいものです。

　そう考えると、Web面接対策として求められるスキルを全部自分のものにできたなら、今の自分よりももっと新しい自分を好きに

なることができるかもしれません。

　年功序列や終身雇用という日本人の感性に合った古き良き時代の働き方は、もはやとっくの昔に終わり、厳しい能力主義と即戦力が求められる時代が今。私たちは人生100年時代を視野に入れて、自分の力で立ち、決してあきらめないで前に進んでいくしかありません。

もっと自分に自信をもてるようになりましょう。
人の尺度で自分を見つめるのではなく、
"もっと私を見て"と、自ら、胸を張って言えるように、
気持ちを大きくもちましょう。

　新卒での就活を無事に乗り越えたとしても、長い人生の間には、転機がきっと訪れるはずです。その転機は誰かになにかをされたというようなネガティブなものもあるかもしれませんが、自分に自信がついた、自分の方向性が今こそ見えたというポジティブなものもあるはずです。

長い人生ですもの。
七転び八起きで踏ん張っていくしかありません。

　Web面接は直接、相手の体温を感じることのないまま、お互いを判断するという高度な判断力と同時に、賭けのようなものも含まれているはずです。良いと判断しても、実際に働き始めてみて、ギャップがありすぎたと互いに思うこともあることでしょう。それでも、表情と声だけで、「あなたを正社員として採用します」と受けいれてもらえたことはすごいこと。あなたのヒューマンスキルは

高いと認められたことと同じです。

**この先はどうなるのか、
誰にとっても不安でしかない世の中ですが、
たくましく生きていきましょう。**

　パソコンやスマートフォン上にある、小さな点にしか見えないカメラに向かって、自分の強みと夢を大いに語ることで、それを受け入れてもらえた自分を、誇りに思ってください。

　そうなるためにも、Web面接に対する苦手意識をいち早く取っ払っていただけることを、心から願っています。

明るい未来は自分の力で創る

　その気概を小さなカメラに向かって全身全霊で声を大にして伝えてみてください。そうすればきっと、あなたにとっての最良の出会いが、近い将来、必ずや訪れるはずです。

坪田まり子

〈著者プロフィール〉

坪田まり子（つぼた・まりこ）

有限会社コーディアル代表取締役。東京学芸大学特命教授、亜細亜大学非常勤講師、立正大学非常勤講師、下北沢成徳高等学校特別講師。プロフェッショナル・キャリア・カウンセラー®。
自己分析、面接対策、コミュニケーション・プレゼンテーション能力向上、ビジネスマナー、キャリア開発講座、秘書実務、秘書検定試験対策等を指導。就活に関しては、多数の大学と大学生協などで講演し、のべ10万人の就活セミナーを行う。国家公務員をはじめ、教員、テレビ局、新聞社、アナウンサー、客室乗務員、銀行、商社、メーカーなど、毎年数多くの就活生を内定に導き、学生や社会人に"元気とやる気"をもたらす実績ナンバーワン講師として多くの支持を集めている。
主な著書に『就活必修！1週間でできる自己分析』、『就活必修！速習のインターン・面接』（以上さくら舎）、『士業者が身につけたい顧客をつかむ面談術』（清文社）、『坪田まり子の士業のためのセミナー講師養成講座』（日本法令）、『面接で「特A」をとる！』（静山社文庫）などがある。

〈Staff〉
- ●カバー・本文デザイン・DTP　井上 亮
- ●イラスト　ひぐちともみ
- ●モデル　大島早貴子
- ●協力　水野健太　佐藤 喬

Web面接完全突破法

2021年2月5日　初版第1刷発行

著　者　　坪田まり子ⓒ
　　　　　ⓒMariko Tsubota 2021 Printed in Japan
発行者　　畑中敦子
発行所　　株式会社 エクシア出版
　　　　　〒101-0031　東京都千代田区東神田2-10-9-8F
印刷・製本　サンケイ総合印刷株式会社

ISBN 978-4-908804-68-7　C2030
エクシア出版ホームページ　https://exia-pub.co.jp/
Eメールアドレス　info@exia-pub.co.jp